# ATT VARA UTE Å CYKLA

Av författaren har tidigare utkommit på samma förlag
Min Resa började i 50-talets Järnbrott (2020)
Breven från München (2021)

# ATT VARA UTE Å CYKLA

Trampat och berättat av

## Klas Fagerberg

Automatiserad teknik vilken används för att analysera text och data i digital form i syfte att generera information, enligt 15a, 15b och 15c §§ upphovsrättslagen (text- och datautvinning), är förbjuden.

Förlag: BoD - Books on Demand, Stockholm, Sverige
Tryck: Libri Plureos GmbH, Hamburg, Tyskland
ISBN: 978-91-8057-863-9

# Innehållsförteckning

# Istället för förord

Bokens titel kan nog tolkas på olika sätt:
Att vara ute och cykla när solen skiner
och det är 25 grader i vattnet...
Att vara ute och cykla när regnet vräker ned
och tältet är genomvått...
*"När jag vaknade nästa morgon, var tältet fullt av myror",*
står det på sidan 52.

De flesta texterna är skrivna på 70-talet, några på 80-talet, med enstaka tillägg i modern närtid. För att uttrycka det med ord av W. Somerset Maugham, Collected Short Stories, volume 4:

**I should tell the reader that the sort of life with which they deal no longer exists.**

Maugham's historier handlar om 1920-talets fjärran östern, och dessa historier om 1970-talets Europa. Mycket av det jag upplevde under 70-talet finns inte längre. Bara det att istället för ett kreditkort, ha med sig resecheckar och en reservcheck! Dessutom att hitta en bank ute på franska vischan! Som dessutom är öppen när man kommer cyklande! I det läget är det lätt hänt att man är "ute å cyklar utav bara h-lv-t-" (uttrycket lånat av Claes Eriksson, årsbroder och en av mina stora förebilder!)

När jag cyklade i Europa, fanns inte mobiler, internet eller färdigförpackade resor där all service ingår. Det fanns alltså inga sociala medier där man kunde lägga upp filmer och bilder direkt, så att alla följare kan se var man är och vad man äter! Bilder fick man lämna in till framkallning när man kom hem och sedan vänta några veckor. Man kunde ju skicka vykort hem, men sånt tar också tid.

Jag köpte en båt- eller tågbiljett söderut och trampade iväg. Jag ändrade mina planer under färdens gång och övernattade mestadels i det lilla tältet, med eller utan campingplats, eller på små hotell. Då och då även ute i "bara sovsäcken" under en buske vid vägkanten. Att ha en följebil som ställer upp med smörgåsar, dricka och reservdelar! Att vara ute som ett "Tour de France" i miniatyr, vad är tjusningen? Att komma fram till ett etappmål dit alla de andra deltagarna redan har kommit! Jag kommer fram till en tältplats på Rivieran sent på kvällen och möts av en stor skylt: 'Complet', dvs. fullsatt! När ekrarna börjar 'poppa' för att jag har för mycket grejor med mig, och den där 'följebilen' existerar inte, och mannen i cykelverkstaden i södra Frankrike säger sig inte ha tid (eller lust) ? Eller den campingplatsen som jag ser på kartan längre fram, i verkligheten existerar den inte! Det är då man blir missnöjd! Ledorden på mina cykelresor var **improvisera** och **kompromissa**!

Texten är satt med EB Garamond Regular 10,7p
*Anteckningar från dagboken satt med*
*Nimbus Sans Regular Condensed Italic 8,9p*
*Författarens anm. EB Garamond Italic 10,7p*
**Citat är satt med SemiBold 9,5p**
Diverse måltider Nimbus Sans Narrow 9p
Fotnötter satta med Medium 8,7p

En del krångliga namn från Island har fått **spejsadSemiBold**, inspirerad av boken Åt Häcklefjäll av Albert Engström.

**Författaren tillika velocipedoperatören**
**Klas Fagerberg**
**Järnbrott, sommaren 2024**

## Konsten att överleva på en tandem

Årtalet är 1974, PC och ordbehandlare var ännu inte uppfunna. Jag skrev alltså på familjens skrivmaskin (med karbonpapper emellan för att få en kopia!). Farsan tyckte att det vore bra att gå en skrivmaskinskurs, alltid bra att kunna skriva maskin. Inte helt utan framgång tog jag mig igenom kursen och fick diplom. Sedan dess har jag aldrig haft någon nytta av dessa kunskaper. Förutom då nedskrivandet av reseskildringen av tandemturen. Denna berättelse skickades in till någon tidning och kom givetvis tillbaka per omgående, "Vi har tyvärr ingen användning för ..." Men så här 50 år senare kan det vara på sin plats med ett omtag.

Det var Klas och Viva som tillsammans kom fram till att återanvända den gamla tandemen som stått i garaget i över 20 år. Mina föräldrar hade cyklat ned utefter västkusten 1947, från

9

Göteborg via Halmstad och Malmö, till Smygehuk, och sedan vidare runt Skånes kust ända till Kristianstad, där man tog in på hotell. Mamma berättade att pappa var så trött att när man kom in i rummet ställde han sig mot väggen och somnade. Sedan blev det tåg hem till Göteborg.

I maj månad väcktes idén att göra en annorlunda semesterresa. En hastig planering, dels för att sommaren närmade sig alltför fort, dels för att vi inte hade några vidare erfarenheter av liknande resor. Vi bestämde oss för att ta båt den första sträckan som en språngbräda mot äventyret. Cykeln fick en sista översyn och fem timmar före båtens avgång började vi packa. Utan några större tankar om vad som skulle möta oss under fyra veckor, trampade vi med glatt mod iväg till färjan i Göteborgs hamn.

Jag hade plockat isär cykeln helt och hållet, smörjt och målat, justerat och bytt dåliga detaljer. Den målades i en skön midnattsblå färg med röda skärmar.

På den tiden gick Tor Line med två färjor mellan Göteborg och Holland / England. Istället för att cykla ner genom Sverige, Danmark och Tyskland, kom vi på 24 timmar till Amsterdam. Växelwiren gick naturligtvis sönder efter bara några kilometer. De fyra första dagarna tog oss till Dunkerque i norra Frankrike, ca 40 mil, med övernattning i Dordrecht, Domburg vid Nordsjökusten och Brügge i Belgien.

I västra Belgien ligger den gamla staden Brügge med anor från 1000-talet. Staden nådde sin största betydelse vid 12- och 1300-talen såsom handelsstad. Vi gjorde en lång rundvandring bland gamla hus och pittoreska kanaler. Genom Belgien fann vi sedan små byvägar kantade av idyller såsom Zerkegem, Eernegem och Ichtegem. De små byarna sträckte sig km efter km utefter vägarna, man kunde trampa i timtal längs stadsgator med affärer småhus, kyrkor och torg, utan att se något slut på bebyggelsen.

I den lilla staden Diksmuide finns ett mycket vackert hus, kombinerat stadshus och museum. Staden blev helt sönderbombad under 1:a världskriget och intogs av tyskarna. Genom staden flyter floden Yser, som blev ett strategiskt mål under kriget. På det lilla museet visades gamla fotografier och minnen från dessa krigsdagar, samt madonnabilder och stenrester från den sönderbombade kyrkan.

Från Dunkerque tar man sig behändigt över till Dover med en stor fin färja, avgång klockan 18. Färjan kan ta 1000 passagerare, bilar och tåg. Vi var sammanlagt 9 passagerare, 1 bil och en tandem, denna lördagkväll!

Tyvärr hade vi inga engelska pengar med oss eftersom idén till 'trippen över kanalen' tillkom bara några dagar tidigare. Tanken på pengar gjorde sig inte märkbar förrän på båten då vi skulle äta. Vi hade endast checkar i franska francs, och växlingsbanken var stängd. Fördelarna med resecheckar glömmer man lätt där man står på en båt en lördagskväll utan möjlighet att växla. Till slut gick det dock bra och vi fick lite mat.

Anlände Dover klockan 21. På kajen mötte oss den engelska vänstertrafiken i form av en mopedburen tulltjänsteman som höll på att hamna i vattnet på grund av vår ovana vid det nya körsättet (och en tandem ändrar inte körriktning så lätt!) Men efter detta så gick det utmärkt att ta sig fram genom England.

**Moderniteter som uttagsautomater, bankkort, euro osv. Glöm det! Detta var stenåldern. Man hade alltid med sig resecheckar, som växlades in med viss möda på bankkontor, om man hittade något sådant när det var öppet!** *(Förf. anm.)*

Engelska sydkusten är väldigt backig och vi stretade backe efter backe förbi Folkestone, Hastings, Bexhill-on-Sea, Eastbourne.

Första dagen i England blev lång. Fram på kvällen skulle vi hitta ett vandrarhem med hjälp av karta och adress, men det visade sig svårare än väntat. Vi frågade flera personer, men ingen kunde ge klara besked. Vid tiotiden knackade vi på hos polisen i en liten by, kontoret hemma i villan. Han var trevlig och tillmötesgående trots den sena timmen. Han kände inte till något som liknade vårt vandrarhem som vi hade adressen till. Däremot hänvisade han oss till något liknande, som visade sig vara en smula otrevligt, vilket fick oss att snabbt försvinna därifrån.

Tanken var att bo på vandrarhem så ofta som möjligt. Därför fanns inte tält och sovsäck med i bagaget. Det blev en natt utomhus, i Friston nära Eastbourne. Jag har noterat i mina anteckningar att: ”Burk åts ute!” Jag vill vara tydlig med att vi satt inte och knaprade i oss en konservburk, utan det var innehållet som värmts upp på det lilla spritköket, gulasch eller liknande. Enligt anteckningarna blev natten ”någorlunda angenäm (så angenäm som den nu kan bli under en buske, i gräset, i södra England)”. Vi hade i alla fall tur med vädret, som det heter. Ett åskväder drog förbi riktigt nära under natten. Efter detta passerades Brighton, ”stort och bökigt, mycket turister”, står det i anteckningarna. Nästa övernattning på litet, men trevligt vandrarhem i Arundel.

I Portsmouth finns färja över till Isle of Wight. Den tog vi, färjan alltså. Det visade sig att den lilla ön var lika backig som kritklipporna vid Dover, så vi kortade av vistelsen på ön och tog färjan in till Southampton istället, avgång klockan 18. Där kan man sedan med lite tur hitta nattfärjan som går över kanalen till Cherbourg i Frankrike.

Båten anlände till Cherbourg tidigt på morgonen. Det blev åter dags för högertrafik. Vi köpte ett långbröd (baguette, som förr kallades Pain Riche här hemma), camembert, dricka och en konservburk. Vid kusten ett stycke västerut stannade vi. Det var varmt och soligt och vi hittade en fin badstrand vid Le Rozel. Uppe bland sanddynerna lagade vi en härlig måltid. Hela eftermiddagen låg vi sedan och solade i sanden. Vi badade också en gång. Första doppet på resan, kyligt men friskt och härligt.

Lite längre söderut ligger den lilla staden Carteret. Härifrån går en inte alltför stor båt till Jersey. Biljettförsäljaren blev en smula konfunderad när vi bad att få två personbiljetter och en tandembiljett. Han blev tvungen att prata med en kollega. "Vanlig cykel kostar 10. Två cyklar kostar alltså 20. Men detta är ju bara en cykel, dvs. 10, men den är större än en vanlig cykel! Skall vi säga 15.-?". Så gick snacket en lång stund. Tandem stod inte upptagen i prislistan och man visste inte riktigt vad man skulle ta sig till. Enkel biljett för två inklusive tandem kostade slutligen 85.-

På morgonen fick vi hjälp av kapten och biljettförsäljaren att lyfta upp cykeln på båten. Det var otroligt mycket folk med på denna lilla båt, mestadels fransmän som åkte över för en dag. Resan tog 70 minuter. Nere i baren, ca en kvadratmeter stor, kunde man få förfriskningar i form av sandwichar.

Det var den 9:e dagen på vår resa som vi nådde vårt egentliga mål. När man anländer till Jersey från öster möts man av en stor borg på en vass klippa, Mont Orgueil Castle, som varit utpost mot Frankrike genom århundradena. Tyskarna ockuperade ön under 2:a världskriget. Jersey är inte mer än ca 8 mil i omkrets. Vi stannade två nätter och tre dagar, tog det lugnt och badade. En dag ägnades åt en rundtur medurs runt hela Jersey. Södra sidan ganska platt med långa sandstränder, norra sidan mycket klippor, upp mot 100 meter stupande rätt ner i havet. Jersey lär

13

också ha en av världens största skillnader i tidvatten, bortåt 15 meter. Första dagen vid stranden, en promenad på 500 meter för att nå vattnet. Efter ett par timmar kom vattnet ända upp till strandpromenaden.

St. Helier heter huvudstaden och hade ca 30 tusen invånare (1974). En mycket livlig liten stad med många affärer och restauranger. Utanför 'storstan' var det lugnt och skönt att cykla på små krokiga vägar.

Tiden tycktes stå stilla. Vi upplevde en otrolig naturskönhet vid Gronez på nordvästsidan av ön. Här fanns resterna av ett gammalt slott från 900-talet. Det var varmt och soligt. De rödbruna klipporna med de piskande vågorna djupt där nere, var en fröjd för ögat. Endast bruset från bränningarna och måsars skrik bröt tystnaden. Vi satt med benen dinglande över avgrunden och åt härliga engelska sandwichar, de där dubbla trekantiga, med ägg och sallad emellan.

Ett guest house blev vår bostad dessa dagar, ett litet trevligt familjepensionat med ca 12 gäster, Berkeley House, rum nummer 3, £2 per person och natt. Till den ypperliga engelska frukosten samlades alla gäster under gemytliga former, någon sade : 'Jag såg er komma cyklande igår eftermiddag'.

De första 12 dagarna var strålande soliga och varma. I packningen fanns givetvis enkla regnkläder omutifallatt... Efter tre dagar på Jersey, tog vi färjan söderut mot St. Malo i Frankrike. Det var här som regnet kom ikapp oss. Klockan var över nio på kvällen. Det var mörkt och gråsvart, regnet vräkte ner och vi skulle hitta vandrarhemmet. Enligt anteckningarna så:

*"plaskar det så härligt om tårna med genomblöta strumpor och sandaler. Det gäller bara att inte tappa humöret. Att le åt eländet, gör även en blöt cykeltur till en trivsam cykeltur".*

Efter att ha frågat flera personer utan att få något vettigt svar, mötte vi två äldre människor som hjälpte oss att hitta, genom att köra före i bil. Mannen sprang till och med ur bilen i regnet och över gatan, för att se på gatuskylten att vi var på rätt väg. Vi tackade för hjälpen och cyklade fram till vandrarhemmet. Detta blev dagens höjdpunkt, vandrarhemmet var överfullt! Där står man med en cykel, genomblöt, i utkanten av stan, klockan 10 en regnig lördagkväll och funderar. Föreståndaren gjorde en del extra ansträngningar och gav oss till slut två bäddar. Nu var det 18 dagar kvar av den planerade trippen, och det blev mera regn och mindre sol. Typiskt varannandagsväder.

St. Malo är en gammal stad från 1400-talet med trånga gator. Den gamla stadskärnan är inramad av en stadsmur. Hela innerstaden blev jämnad med marken under 2:a världskriget, men har sedan dess byggts upp exakt som den såg ut innan. Under 16- och 1700-talen var staden ett beryktat tillhåll för smugglare och sjörövare.

Färden gick österut på småvägar. Denna gång blev dock vägarna allt mindre och mindre. Vi hamnade på små stigar, och det blev tungt att cykla i tjockt gräs med en välpackad tandem. Det var söndag och vi hade inte mat med oss. När hungern började göra sig påmind, var inte restaurangerna öppna. I Frankrike gäller det att bli hungrig i rätt tid, mellan klockan 12 och 2 eller 7 och 8 på kvällen. Vi fick nöja oss med skinksmörgås och te.

Söndagen 23 juni kom vi fram till Mont Saint-Michel, som ligger på en klippa en bit ut i havet, åtminstone vid flod. När vattnet drar sig tillbaka, drygt en mil från kusten, syns det knappt vid horisonten. Det märkliga gamla bygget från 1000-talet var redan på 70-talet när vi var där, spolierat av souvenirbutiker. Knôkat med turister, som det heter på ren gôtebosska.

I en liten by som heter Pleine-Fougères, strax söder om Mont St. Michel, ligger/låg ett mycket litet vandrarhem. En måttligt ombyggd lada, gammalt stenhus som överallt i Frankrike. Ljus saknades och små fåglar flög in och ut genom små hål i väggarna. Om det var stampat jordgolv kommer jag inte längre ihåg. Det var sammanlagt ca 20 bäddar uppdelade på två rum. Eftersom det bara var två ungdomar där före oss, så fick vi var sitt rum. På kvällen gick vi ut i byn och åt middag på den enda lilla restaurangen:

1. Krabba
2. Kalvsylta med potatis
3. Rostbiff med bönor
4. Ostbricka
5. Fruktfat (stort) med glass

Till detta ett enkelt vin. Fakturan gick på 37.-

Vi fortsatte österut via Caen och ut till kusten. Vid Deauville lagar vi mat på stranden, regnet kommer, regnställ på och plaskar iväg de sista fyra milen för att komma fram till vandrarhemmet i Pont-Audemer, som visar sig vara stängt sedan flera månader. Det blev ett rörigt hotell istället. Sedan går färden utefter floden Seine mot Paris, men eftersom vi båda varit där tidigare, valde vi att fortsätta österut strax norr om Paris. De stora vägarna in mot Paris var fulla av tunga lastbilar, men efter övernattning i Mantes, vid Seine nära Paris, fortsatte vi åt öster på betydligt mindre vägar: Sailly – Oinville – Courcelles – Boissy – Génicourt – Hérouville – Bruyères – Creil. Enligt anteckningarna:

"sekunder från att sköljas bort av ösregn. Vädret bättre, cyklar några kilometer, regn, cyklar, äter ute, regn ..... Sista biten regn (mycket), kommer dock fram, äter ägg, ärtor, bönor. Vandrarhem i Creil".

Nästa dag blev soligare, med omväxlande molnighet och färden fortsatte på små mysiga byvägar. Även de minsta småvägar är tydligt markerade med skyltar och vägnummer, ganska svårt att köra fel helt enkelt. Små ställen som Verberie och Villers-Cotterèts[1] passerades på väg till Fismes, där vi hamnade på ett trevligt litet hotell. Vandrarhemmet var fullsatt. På kvällen åt vi 13-kronors menyn i hotellets restaurang.

Lördag 29 juni, det var då vi festade med stekt kalvfilé och spagetti, bröd och frukt. Det lilla spritköket går att använda till mycket. Vädret var under dagen minst sagt omväxlande, sol (varmt), molnigt (svalt) och regn (kallt). Regnskurarna avlöste varandra.

Genom östra Frankrike passerar man många krigskyrkogårdar och minnesstenar från 1:a världskriget. I varje liten by står en stor sten med någon soldat i armarna på en ängel. 'Till minne av stadens söner som dog för republiken 1914-1918', brukar det stå på stenarna. Det var en egendomlig känsla att cykla fram i detta landskap, gröna ängar, sköna skogar och underbara små vattendrag, floder och kanaler, och samtidigt veta att bara 50 år tidigare utspelades här blodiga strider. Kyrkogårdar med oändliga rader av små vita kors, kantade vägarna. Den första juli passerades gränsen till Belgien ganska tidigt på morgonen. Det regnade häftigt redan från starten vid hotellet.

De senaste dagarna tillbringades på hotell, mest för att det var glest mellan vandrarhemmen i östra Frankrike. Priset för ett dubbelrum blev en överraskning, 20 kr. Tveksam standard, men atmosfären och gemytligheten är det inget fel på, så knarrande sängar och loppor tar man med gott humör. På det lilla hotellet 'Hotel de sports' i Rethel intogs frukosten i caféet under det att Madame skurade golvet, stolar och bord uppstaplade utefter väggarna.

Huvudstaden i Luxemburg heter som bekant Luxemburg. Vi

[1]Staden där Alexander Dumas d.ä. är född, men det visste vi inte då.

17

kom dit tidigt och 'gjorde stan' på eftermiddagen. På kvällen satt vi vid stortorget Place d'Armes på nåt café som alla andra och lyssnade till musikkåren som spelade klämmiga melodier från en liten paviljong. Floden Alzette rinner genom staden, med höga, lodräta klippor på båda sidor.

Några kilometer öster om själva staden kommer man först till en stor amerikansk krigskyrkogård. Mer än 5000 soldater från tredje armén ligger här tillsammans med generalen, Patton Jr. Det är en pampig kyrkogård med vita marmorkors i långa jämna rader, inhägnat av granskog. Vid ingången står ett stort monument samt två jättelika stentavlor som visar de militära operationerna över västeuropa. Detta var alltså ett idealiskt ställe, en lugn och fridfull viloplats för stupade soldater, ända tills en stor jetmaskin kom mullrande på väldigt låg höjd. Det visade sig att Luxemburgs flygplats Findel Airport, låg bara några hundra meter bortom trätopparna. Lite längre österut låg en stor tysk kyrkogård med mer än 11000 gravar, en helt annorlunda plats i skymundan, lummiga träd och stora svarta stenkors i grupper om fem. Här låg många tyska pojkar i 17-års åldern och många okända offer.

Vi cyklade vidare österut och snart når man floden Sûre, en avstickare från den större Moselfloden, gräns mot Tyskland. Södra Luxemburg är inte bredare än några mil, så innan man vet ordet av, så har man passerat. Mitt ute på vischan, en mil från närmaste stad, gick så växelwiren av igen. Den hade ju krånglat tidigare, och lagades nu provisoriskt igen. I Echternach cyklade vi över floden och fortsatte norrut på tyska sidan. Här fick vi också den enda Luxemburg-stämpeln i passet.

Dagens etappmål var Vianden, vid gränsen, men nu åter på Luxemburgsidan. Klockan var halv tio och det var ganska mörkt. Det första man då fick syn på var den illuminerade gamla slottsruinen, högt uppe på en sluttningen. Vianden är en gammal stad från 800-talet, och egendomligt byggd upp efter berget. En smal brant gata slingrade sig upp och små gamla hus klängde sig fast utefter den branta gatan, med många restauranger och hotell. Vandrarhemmet låg naturligtvis längst upp, där den branta gatan mynnade ut i en liten skogsväg.

Borgen besiktigades nästa morgon. Enligt guideboken en av kontinentens största borgruiner. Här hade man en strålande utsikt över staden och floddalen. Vädret var dock 'sådär'. Nu gick färden norrut mot Holland, och ständigt uppför. Regnet hängde i luften. Lunch intogs i det fria nära Radio Luxemburgs sändarmast. Vi hade dock ingen radio med, så det gick inte att kontrollera om det var nåt 'liv i masten'. Enligt anteckningarna skyndade vi oss därifrån med regnet i hälarna:

*"Skydd i en busshållplats. Skyfall. Grått. Fortsatte. Över gränsen. Nytt skyfall. Ny busshållplats. Köket fram. Hönssoppa, varm körsbärssaft. Kraftig motvind, lite regn. Vandrarhem i Vielsalm kl. 18".*

Resans högsta punkt, alltså inte resans höjdpunkt, utan den geografiska högsta punkten 536 möh passerades under dagen. Om det var mestadels uppför genom norra Luxemburg under onsdagen, så blev det desto mer nerför under torsdagen den 4 juli. I anteckningarna står:

*"trögtrampat även nerför, ganska mulet men inget regn".*

Att behöva trampa i en skön nedförsbacke, hur många gånger har jag inte råkat ut för det. Man blir missnöjd! Via Belgien in i Holland. Nu blev det genast helt platt och färden gick flera mil utefter den stora Julianakanalen, uppe på själva kanalvallen där det fanns en gång- och cykelväg på båda sidor. Vi hann med en liten sväng in i Tyskland där vi passerade den mäktiga floden Rhen vid staden Emerich.

De tre sista dagarna blev jobbigare än väntat. På väg västerut genom Holland fick vi hård motvind. Det inre av Holland är som bekant fullt av små kanaler och slussar. Överallt tuffade små fritidsbåtar fram. Vädret hade varit varmt men mulet och grått. När vi till slut kom fram till havet tittade även solen fram och det blev badväder. Det var inte långt kvar till båten så vi tog det lugnt.

Sista natten blev ett vandrarhem i Haarlem, två mil väster om Amsterdam. De holländska vandrarhemmen är ofta stora och välskötta. Till frukost var det bröd, smör och pålägg av de mest skilda sorter, som ost, marmelad, chokladpasta, strössel, skinka mm. De holländska ungdomarna åt sina smörgåsar med kniv och gaffel på ett mycket städat sätt. Det måste ha sett lite underligt ut, i deras ögon, när vi med fingrar och händer satte i oss den ena mackan efter den andra. Övriga vid bordet slutade oftast efter två till fyra smörgåsar och satt sedan, som det tycktes, med stigande oro, och bevittnade vår stora aptit. Det blev för det mesta runt 10 brödskivor var för vår del. Lika bra att 'lassa in' med en lång cykeletapp framför sig.

Den sammanlagda cykelsträckan blev ca 240 mil och därtill ca 220 mil båtresa, alltså en liten nätt tripp på 4600 kilometer.

# Cykelturen 1975

Den stora bilfärjan lämnade kajplatsen i Göteborg enligt tidtabellen klockan 18, destination Kiel i Tyskland. Ombord fanns jag och min cykel. Det var juli månad 1975 och förväntningarna på de kommande veckorna var höga. Ankomst Kiel påföljande morgon klockan sju.

Ett nattåg skulle avgå från Hamburg vid tiotiden på kvällen och jag planerade att vara med på det tåget. Alltså cykeltur söderöver på småvägar riktning Hamburg. Det tyska språket var för mig vid denna tid ett oskrivet blad. Jag hade ju läst franska, och under vårterminen börjat med de första 40p. på universitetet. Med lite tur skulle jag med tågets hjälp komma ner till Basel och sedan snart vara i fransktalande trakter.

*"Folklivet börjar så smått komma igång, klockan är 9.30 och jag har cyklat en timme. Färden går över nordtyska åkrar och ängar. Stora bokskogar med enorma träd utbreder sig emellanåt. Temperaturen stiger uppåt 30,*

21

*men molntäcket är ganska tjockt ännu. Vägarna är jämna och inte alltför*
*backiga. Klockan har hunnit bli 11 när jag stannar i Plön".*

Lunchpaus vid en stor vacker sjö. Uppe på en höjd ligger ett
stort slott med strålande utsikt. På eftermiddagen är jag framme i
Lübeck. Solen har tittat fram. Här köper jag biljett till Basel, tåg
116, liggplats 14 och cykel 2,50 räknat i DM.

**Den tyska valutan var inte så mycket dyrare än den svenska**
**kronan på den tiden. Men det var på sjuttiotalet som både**
**DM, franska och schweiziska franc blev ordentligt mycket**
**dyrare.** *(Förf. anm.)*

Det riktigt stora äventyret infinner sig när man skall börja åka
tåg med cykel. Priset för cykeln är billigt, men i gengäld får man
traska ner med cykeln till perrongen, söka upp bagagevagnen, på
med cykeln ivrigt påhejade av stressade i- och urlastande perso-
nal, snabbt på tåget själv, för att inte bli ensam kvar på perrong-
en. Allt fixat på några minuter.

Tågen stannar inte många minuter ens på de stora stationer-
na. Nu skulle jag alltså byta i Hamburg. Först språngmarsch till
bagagevagnen, min cykel står naturligtvis längst in. Sedan upp
för trapporna från perrongen, leta reda på tåget till Basel, en lika
lång trappa ned till en annan perrong. En tungt lastad cykel ned-
för en trappa är inte så lätt. Tur att man har handbromsar! Jag
hade en timme i Hamburg, men det blev ändå knappt.

*"Nu sitter jag i alla fall på nattåget till Basel, med liggplats och en ung käck*
*konduktör som väcker i morgon bitti med 'kaffe-på-sängen'! Inte illa".*

Sovandet gick som på räls, så att säga. Vaknade strax efter 6, då
hade vi hunnit till Karlsruhe. Tåget slingrar sig sakta uppför,
med floden Rhen på ena sidan och Schwarzwald på den andra.
Väl framme i Basel, gjordes en liten rundtur på egen hand. Väd-
ret blev snabbt sämre vid 12-tiden och åskan kom. Det började

22

falla en fruktansvärd massa regn. Då sätter man sig på ett café och skriver vykort hem till alla där hemma i Sverige som avundas att man sitter i Schweiz och väntar på att det skall sluta ösregna.

*"Jag har nu suttit här en timme. Man hinner skriva många vykort, byta film i kameran och titta på kartan var man skulle kunna ha varit om inte regnet... Bakom mig sitter en herre och tömmer öl efter öl. Han verkar bli lite på lyran, pratar för sig själv och ser rätt så dåsig ut".*

Regnväder brukar gå över, så även detta. Jag stack iväg direkt. När jag hade cyklat 4 mil, lagom till att det började regna igen, hade jag nått staden Delémont, en liten stad i en dalgång uppe bland bergen. Här pratades det nu franska och jag kände en viss lättnad över att återigen vara bland folk som man kan prata med. Efter att ha hittat ett litet hotell, blev det en rundvandring i stan och sedan middag på hotellet, Cordon-Bleu Maison, dvs. husets Cordon-Bleu. Efter två dygn på väg, först sovbrits på färjan och sedan liggvagn på tåget, så var det skönt att få sova 'på riktigt'!

Dagen därpå i den lilla speceriaffären där jag bunkrade, kom det in en japan, som började prata engelska. Skillnaden mellan Sverige och Danmark kan vara stor, men för en japan kan det kanske kvitta vilket. Han hade i alla fall sett flaggan på cykeln och tyckte att jag var dansk. Vi pratade lite, och samtidigt skulle man tala med flickan bakom disken, som talade franska.

Den vackra vägen slingrade sig upp utefter en porlande bäck och ett järnvägsspår. Jag passerade ett krön på 827 meter och sedan bar det av utför till staden Bienne. Strax därefter stannade jag sedan för dagen i den lilla staden Avenches. Här finns en gammal amfiteater från romartiden, där jag satt en stund i kvällningen på 5:e raden vänster, och njöt av stillheten. Avenches lär ha varit helveternas huvudstad. Aventicum var romarnas namn på stan som hade sin storhetstid vid 10-talet f.Kr.

Nästa morgon, som visade sig vara en strålande morgon, slog jag upp mina ögon i Avenches, som människor gjort i över 2000 år, frukost, packade cykeln och betalade 20 sfr. för det lilla rummet på Hotel de la Couronne. Cykeln förde mig nu via Fribourg, en gammal universitetsstad, mot Genèvesjön. Det talas franska, vilket uppskattades av cyklisten. I dessa trakter 'byter man sida' titt och tätt, i en affär talas tyska, och lite längre bort är det franska som gäller.

Sedan gick färden söderut , via Lac de Gruyére" (osten). "I staden Bulle, blev jag helt enkelt tvingad att stanna och förfriska mig med en 'hallon-glass-cocktail'. Jag får skylla på värmen!

Sålunda förfriskad gick färden söderut, och nu började det gå ordentligt utför. Från höjder på 850 meter ner mot Lac Léman (Genèvesjön) på ca 400 meters höjd. Långa svepande kurvor och mycket fin väg. Plötsligt utbredde sig hela sjön i ett glittrande soldis. Jag hade kommit till Vevey. Om jag bara hade vetat, jag passerade bara några hundra meter från Charlie Chaplins hem och två år innan han avled. Det hade varit stort att få hälsa på mästaren själv.

I en vägkrök stannade jag och åt middag, med spritköket. Geschnetzeltes heter en schweizisk maträtt, läckra små köttbitar i sås. Därtill ärtor, majs och paprika, en rejäl måltid, dryga tre portioner. Utsikten var magnifik. Efter denna festmåltid hittade jag ett hotell med utsikt! Hela den långa Genèvesjön med Frankrike och snöklädda alptoppar på andra sidan i skymningsljus.

*"Någonting som jag just kom att tänka på, är de schweiziska mynten. De flesta är silverfärgade, 10, 20, 50 rappen (öre) samt 1 och 2 franken (kronor) är alla ganska lika. Man måste titta på båda sidor för att se skillnaden. Jag lade av misstag upp en massa småmynt i hopp om att ha räknat rätt. Flickan bakom disken redde hastigt upp det hela och jag fick en hel hög småmynt tillbaka".*

24

Färden går åt sydost utefter sjön, passerar Montreux och strax därefter Château de Chillon som ligger som en liten ö en bit ut i sjön. Ett vackert gammalt slott med anor från 1200-talet. Jag brukar inte betala inträde för att se på gamla byggnader från insidan. Köpte istället några dia[1] i souvenirbutiken och trampade vidare åt söder utefter Rhônedalen. I Saint-Maurice finns en gammal kyrka från 300-talet, men jag stannar i Vernayas. Här går nämligen tåget, två små vagnar som tar mig upp och in i Frankrike. En spännande resa med kugghjulsdrift upp till franska gränsen. Den fina tågresan kostade 10.30 franken (10 franken ca 16 svenska kronor 1975). Jag valde att cykla från gränsen (ca 700 möh), över Col des Montets (1461 möh). Solen sken varmt och gott, en kall men frisk alpvind blåste ner mellan bergen. Överallt porlade små klara bäckar.

Efter passet lutade det kraftigt nedåt mot Chamonix, en 12 km utförsbacke. Här är en stor dalgång och man ser Mont Blanc i fjärran. Från Chamonix går en linbana upp till Aiguille du Midi (3842 möh). Det var 2 timmars väntetid på att få komma med kärran upp. Jag skrev vykort och vandrade runt stan. Det var 30 grader varmt. När jag väl kom upp till toppen, blev det snabbt kallare, +4 grader! En chokladbit som jag glömt hade 'smultit' i fickan. Den hämtade sig snabbt i kylskåpsklimatet här uppe. Fingrarna började också stelna, så det blev svårt att fotografera. Man var ju sommarklädd. Cykeln låste jag och lämnade där nere, med packningen på. Inga problem på den tiden.

I väntan på liften ner, hördes en massa holländare som pratade högt och  livligt. På andra sidan stod några amerikanare, någon sade "Undrar vad det är för språk de talar". "Jag tror det är

---

[1]Diafilm, dvs positiv film, till skillnad från negativ film. Diabilder ser man på väggen med en diaprojektor, negativ film framkallas till pappersbilder som man sätter in i albumet. Krångligt e bara förnamnet!

svenska", sade en annan. Men det var det alltså inte. Cykelfärden fortsatte västerut i dalgången. Det gick hela tiden utför med bra fart. Fick bromsa flera gånger och även stanna, för att inte rulla ikapp stora tunga lastbilar. De osar för mycket!

Väl nere i botten på dalgången blev jag tvungen att trampa uppför igen. Jag stannade till slut i St. Gervais. Blev mycket väl omhändertagen på ett litet trevligt hotell. 'Köket' höll på att stänga för kvällen, men jag fick i alla fall en specialkomponerad meny, skinka, ägg, bröd, vin och ost.

**Den 23 juli var en onsdag det året. Anteckningarna säger:**
**Denna dagen, ett liv!**

(Farbror Melker, han på Saltkråkan för er som var med då). Den jobbigaste dagen på hela resan, men också underbar. Hotell Regina gav frukost i trädgården eftersom vädret var bra, solen strålade. Jag betalade 50 franc för rum och middag.

Ständigt uppåt med en stor dalgång strax bredvid. Jag var nu uppe på ca 950 möh och dalgången nedanför var på 500 möh. Bakom mig kunde man se hela Mont Blanc massivet, en härlig vy. Även toppen jag var uppe på dagen innan var synlig lite längre bort. Man passerar små byar och njuter av den fantastiska landsbygden. Jag fick se en smal väg över ett bergspass, Col des Aravis (1498 möh). Den tar vi, tänkte jag! Inte direkt planerat, men det såg spännande ut. Det blev ansträngande, och då överdriver jag inte! I den heta förmiddagssolen blev jag snart tvungen att gå.

Vägen slingrade S-format brant uppför. Värmen var outhärdlig och luften var full av små blodtörstiga flugor. Varje gång jag stannade för att fotografera eller svalka mig, blev jag anfallen. Det var bara att traska vidare, i närmare 2 timmar, 5 kilometer, till passkrönet. På ett ställe såg jag en stor skylt på en husvägg: Ici se vend le vrai Reblochon, dvs. rakt översatt: Här säljer sig äkta

Reblochon. Det där med reflexiva verb och även konjunktiv får man passa sig för i franskan, men jag hade ju börjat vårterminen med att ta itu med franska språket. Jag fotograferade skylten!

Vid Col des Aravis var det tingel och tangel, souvenirbutiker och krims-krams. Det bästa att göra då är att sätta sig på cykeln och rulla iväg utför på andra sidan. Ner från 1500 meter till ca 450, rullande med god fart i över en timme, 2,5 mil. Vid tretiden på eftermiddagen kom jag så fram till Lac d'Annecy. En vacker blågrön syn, luften var varm och ett bad vore inte dumt. Det var fullt av parkerade bilar överallt. Jag bytte om mitt på landsvägen och hoppade i. Med en vattentemperatur på drygt 25 grader och över 30 i luften, blev jag kvar en halvtimme i vattnet. Den lilla pittoreska staden Annecy ligger i ena hörnet av sjön. Stora vägen till Genève går norrut och jag trampade på. Halvvägs kommer man till Cruseilles, en ganska liten stad. Jag tänkte stanna här för det såg litet och billigt ut.

Jag satte mig på en bänk framför rådhuset och drack upp resten av saften. Vägen från Annecy gick bara uppför. Tyvärr var det stora riksvägen med massor av tung trafik. Medan jag satt där, passerade en bil med en ung kille, som vinkade. Senare då jag vandrade gatan fram för att hitta det lilla hotellet, kom han tillbaka gående och frågade mig på engelska om jag var svensk. Han var gift med Lena från Malmö! Jag föreslog att vi kunde fortsätta konversationen på franska. Vi stod utanför ett hotell, enligt honom. För mig såg det endast ut som en bar. Fransmannen bjöd mig hem på middag. Efter att ha tvättat av det värsta resdammet och bytt om, satt jag plötsligt i ett snyggt gammalt hus och åt middag. I huset fanns också en dotter, ca 5, som enligt Lena, bara pratade franska, men förstod allt som mamma sa på 'äkta skånska'.

På vägen mot Genève passerades jag av många svenskar. Plötsligt hör jag bakifrån, i kör. 'Heja Sverige! Heja Sverige!' Det var tre killar i en öppen bil som ivrigt hejade. Alla människor man möter, både till fots eller till bils, så antingen blänger de frågande eller ler vänligt, rent av medlidsamt. En del tutar och andra ropar några ord. Det hör till saken att, förutom flaggan bak på packningen, hade jag också en gul T-shirt där det stod med blå bokstäver 'Heja Sverige friskt humör' på framsidan, och 'Det är det som susen gör' på baksidan. När jag kämpade mig upp de sista kilometerna till St. Gervais dagen innan, kom det plötsligt ut en kvinna ur ett hus vid vägen. Hon fick se mig och enda reaktionen var det typiskt franska uttrycket 'Oh, la, la!'

I dessa bergiga trakter blåser det ofta i dalgångarna mellan bergen. Ibland blir vägen oerhört lång, när stora fina landsvägar bjuder så starkt motstånd att man inte ens rullar utför. Att behöva trampa i en nedförsbacke! Hände mig flera gånger.

Storstäder är inte vad jag är ute efter, men gjorde en liten rundtur i Genève. Jag såg bl a FN:s högkvarter som passande nog ligger på Fredsavenyn. Den stora berömda vattenpelaren, 130 meter hög, vattenhastighet av 200 km/t vid munstycket, var naturligtvis avstängd när jag kom.

På väg västerut, hindras man av Jurabergen som ligger i vägen, så det blev flera svängar för att komma runt. Jag passerade Bellegarde och Aix-les-bain, som ligger mycket vackert vid en stor sjö, Lac du Bourget. Här provianterade jag som vanligt små yoghurtar med frukt. En stund senare råkade jag naturligtvis tappa de båda yoghurtarna i backen, varvid den ena exploderade. Annars brukar det gå bra att hänga fast det mesta utanpå packningen, byxor, våta handdukar, dricka osv.

Väster om Rhônefloden blir landskapet lite mera normalt,

man lämnar de höga alptopparna bakom sig. Vid 5-tiden hamnade jag i staden St. Genix där jag gick in till en slaktare för att köpa nån köttbit. Slaktarn blev mycket förtjust då jag var från Sverige och började prata 'vitt å brett' om allt möjligt. Dessutom talade han en knepig dialekt. Jag fick en kalvkotlett för 4 fr. ochdå det inte fanns små smörpaket, tog han helt enkelt och delade på ett. Jag köpte även bröd, camembert och haricots verts. Detta åt jag sedan ute i en gräsbacke, då solen gick ner. Ett stort problem är att hitta en lämplig gräsbacke eftersom allt är inhägnat eller otillgängligt på grund av vegetationen. Denna dagen slutade i La Tour-du-Pin.

Det var 30 grader dessa dagar och svårt att cykla. Vägen blir klibbig av värmen, tjäran uppför sig som sirap. Segt och degigt att cykla i. Vägarna är mestadels mycket bra att cykla på i Frankrike, även de små vägarna. Det är svårt att komma fel, även långt ute på 'vischan'. Alla vägar har nummer och stora fina skyltar står överallt.

Jag cyklade på RN6, dvs. Route National no. 6 mot Lyon, men tog av norr om denna stora stad och hamnade i en liten medeltida stad som heter Crémieu, med murar och vägportar, borgar och en ålderdomlig saluhall i centrum.

I en liten by, La Balme-les-Grottes, är den stora attraktionen tydligen grottor i berget. På stora skyltar längs vägen stod: 'Ta tid på er. Besök grottorna i La Balme. Francois den förste besökte grottorna. Varför inte ni också?'

Söndagen den 27:e juli, strax norr om Lyon, kom jag först till Meximieux och strax därefter till Pérouges. Denna lilla by har anor från 1300-talet. Uppe på en liten bergskulle klättrar små hus och en liten kyrka. Hela kullen och byn är nästan rund och inte större än ca 200 meter i diameter. På stortorget finns ett väldigt träd och en souvenirbutik. Flera gamla antikaffärer, ett museum, bagerier, några restauranger och ett hotell, kullerstenar på gatorna. Mer var det inte.

Färden gick vidare genom ett hett landskap. Sumpmarker, små sjöar och bördiga åkrar i ett förövrigt platt landskap. Passerade flera små byar, som Villars-les-dombes, St. Trivier och Montmerle-sur-Saône. På andra sidan började bergen resa sig igen, de nordligaste delarna av Massif Centrale. Jag kom in i det stora vindistriktet Beaujolais. De stora bergssluttningarna var täckta av vinodlingar. Överallt kunde man köpa vin, direkt av odlaren.

På kvällen i den byn Les Depôts fick jag syn på en skylt: 'Chambres' (rum) och knallade in. Jag fick ett stort fint rum med fyra sängar, vedspis med gamla dojjor framför spisen. Kvällen innan hade jag betalat 30 fr för hotellrummet. Här räckte det med 10!

*"Jag sitter nu på caféet och har naturligtvis smakat på vinet. Det kommer och går folk från trakten, dricker ett glas och pratar. Stämningen är hög. Jag åt även en omelett och drack ytterligare lite beaujolais. Omtumlad av vinet gick jag så upp på rummet vid 20.30-tiden och somnade ganska snart".*

Nästa övernattning blev ett litet hotell i Paray-le-Monial som är berömt för sin ståtliga kyrka från 1100-talet. På hotellet blev 'tanten' lite sur för att jag inte ville äta middag på kvällen. Hon tyckte att: 'det är vår säsong nu, och normalt hör det till ....' Frukosten var liten, ganska vanligt i Frankrike. Man sitter ofta i caféet, bland arbetare som får sitt glas vin på morgonkvisten.

Efter ett tag uppe i 'Beaujolais-bergen' kom jag tillbaka ner till floden Saône vid den lilla storstaden Chalon-sur-Saône.

*"Cykeln börjar få nog av den tunga packningen. Bakhjulet frestas ordentligt. De senaste dagarna har flera ekrar gått av. Väl framme i Chalon, försökte jag få hjulet lagat, men verkstäderna har för mycket att göra. Hamnade på ett litet trevligt hotell".*

På morgonen blev det 'frukost-på-rummet'! Jag hittade en cykel-reparatör, dvs. reparatören själv var inte inne men frun sa att det skulle gå bra. Jag promenerade, köpte en tidning, satte mig i en park och läste denna, köpte en glass. Värmen var rent tropisk. Vid tolvtiden gick jag för att äta lunch på en liten restaurang mitt emot hotellet, som madame hade rekommenderat. Efter det att jag fått en plats blev det snabbt fullsatt. Lokalen var liten, med centimeterpassning mellan stolar och bord. Stämningen var hög, redan från början. Det var arbetare från kvarteren runt omkring. Mitt i rummet stod en kamin, med två rör som gick rätt upp i taket. Man bjöds på en gemensam fast meny för 9 fr. bestående av:

rätt 1: en korvskiva (kall)
rätt 2: en köttskiva (kall)
rätt 3: blandade grönsaker och potatis (varm)
rätt 4: en ostbit
Till allt detta ingick bröd och en halvflaska vin.

Det var härligt att se och höra och äta denna lunch! Vid 14-tiden gick jag till cykelreparatören, han skulle just börja. Jag fick berätta lite om mina strapatser. Han var själv fd. cykeless och förstod mina problem. En pakethållare på framhjulet skulle inte vara dumt och han hittade efter lite letande en som passade på mitt framhjul. En ny promenad och framåt 16.30 var cykeln klar, som ny. Jag betalade 'för vänskaps skull' 20 fr.

Nu var jag på väg norrut riktning Dijon. Detta är Côte-d'Or, där de fina bourgognedruvorna växer. På denna resa var inte berömda viner huvudtemat. Jag trampade fram till Dijon och hittade ett trevligt hotell vid halvtiotiden och somnade strax. I Dijon väntade ett brev poste restante hemifrån. Det är en trevlig omväxling med brev hemifrån, när man är på resande fot och skickar hem massor av vykort. Observera att mobiltelefonen skulle inte uppfinnas på många år än! Jag var inne i ett varuhus som hette 'Le pauvre diable', dvs. 'den stackars jäveln' (hm!).

Från Dijon till Montbard åt nordväst, är det ca 7 mil. En varm och strapatsrik dag. Det fläktade lite ibland, men det var som att ha varmluftsfläkten på högsta värmen. Det var så varmt så det var nästan omöjligt att slicka frimärkena till vykorten! Då är det kärvt. Det är då mycket gott att häva i sig lite varm choklad, vilket jag gjorde ofta denna sommar. Jag cyklade längs stora nord-sydgående järnvägen, fyra spår parallellt. Alla järnvägsövergångar hade bommarna nedfällda för gott. Efter en tid blev jag tvungen att kliva igenom den lilla grind för fotgängare som finns vid sidan, tittade mig noga för och vandrade snabbt över spåren. Några minuter senare dundrade ett stort godståg förbi.

Jag kom fram till en liten by, Alise-Sainte-Reine. Byn hette på sin tid Alesia, men det var för 2000 år sedan. Det var här som den store galliske hövdingen Vercingétorix kämpade mot César år 52 f.Kr. (tanken går till Asterix och Obelix, två tecknade figurer från 1900-talet). Byn ligger på en stor höjd med fri sikt runt om. Romerska härar låg tydligen runt omkring och gallerna fick ge sig till slut. Vercingétorix fördes till Rom , där han ströps några år senare, när César tog makten i Gallien. Uppe på kullen finns utgrävningar av den gamla byn. En stor staty av hjälten pryder toppen. Den blev uppförd av Napoleon III. I det lilla museet kan man beskåda föremål från förr, mynt, amforor mm.

Hotellet i Montbard låg alldeles vid Canal de Bourgogne. Jag satt på terrassen och drack varm choklad.

*"På denna lilla hotellbar direkt vid stora vägen, går det livligt till. På gården intill spelar några män boule samtidigt som de beställer den ena drinken efter den andra. Vid bordet intill sitter en familj. De beställde en liter vin och en liter vatten från baren. Sedan dukade de upp medhavd mat, även duk, mannen sa:*

*'man kan inte äta middag utan duk!' Alltså på med duk, fram med bröd, sylta, gurka och annat smått å gott, man skär med små fällknivar, allt under det att man pratar med madame. Inne i baren sitter gubbarna och diskuterar. Två stora hundar strövar omkring bland borden. Stämningen är fin".*

De närmaste dagarna förde mig sakta men säkert mot Paris. Det var väldigt varmt och jobbigt, men dock inga höga berg. När jag åt frukost en morgon ute på terrassen, passerade en japan på tungt lastad cykel. Senare då jag cyklat en stund hann jag ifatt japanen. Vi pratade lite på knagglig engelska. Jag vill vara tydlig med att det var han som knagglade, inte jag. Det visade sig att han var ute på en 7 månaders cykeltur Europa runt. Han hade startat hemifrån med flyg-tåg-båt till Helsingfors. Efter hela Nordeuropa skulle han nu till Paris och England, sedan södra Europa och norra Afrika. Sverige var kallt och regnigt, tyckte han. Vi cyklade några timmar tillsammans och lunchade vid Canal de Bourgogne.

Jag fortsatte själv på små byvägar helt utan trafik. Jag passerade stora skogar med vacker fågelsång och lite svalka. De senaste dagarna låg temperaturen genomgående över 30!

**4 augusti.** Startade som vanligt vid halv niotiden. Strax fick jag se en torghandel, livlig sådan. Där såldes frukt och grönsaker, blommor men även färskt kött, en stor köttdisk ute på gatan. Jag köpte några frukter och fortsatte mot Paris. Det dröjde inte länge förrän de första stora förstäderna började dyka upp längs med floden Seine. Jag cyklade förbi flygplatsen Orly, där en stor jumbo-jet just lyfte på mycket låg höjd framför mig. Efter drygt två timmar av förstäder kom jag så till staden Paris. Jag trampade fram längs Rue de Rivoli, den stora gatan utefter Louvren, och hittade rätt snart ett hotell ganska centralt.

På eftermiddagen gjorde jag en liten cykelrundtur. Inte mycket trafik, men värmen var besvärande och luften var otäck. Jag cyklade upp för Champs-Elysées till Triumfbågen. För 2.50 får man gå eller åka upp till plattformen på taket av bågen. Det gjorde jag. Högst upp finns en enorm sal med teckningar och målningar om Triumfbågens historia. Utsikten var fantastisk, men värmen var pressande. I själva verket var jag på väg mot Bolognerskogen och visste inte vilken gata som gick åt det hållet. Alla gator ut från Triumfbågen ser nästan likadana ut. Därför gick jag upp för att ta reda på detta, 250 trappsteg leder upp till toppen. Där uppe såg man genast rätt gata, Avenue Foch.

Jag tänkte eventuellt ro en sväng på en av sjöarna, men när jag kom fram var det så långa köer, så jag avstod. Köpte en glass i stället. Glassförsäljarna hade bråda tider. Från Triumfbågen är det inte så långt ner till Seine vid Palais de Chaillot, mitt emot Eiffeltornet. Efter en stund på gräsmattan började jag känna mig dålig, och började cykla hemåt. Vid Place de la Concorde funderade jag på vad hotellet hette och vilken gata det låg på. Det var en liten bakgata i närheten, men var? Jag hade ingen karta med mig, men en inbyggd lokaliseringsförmåga som nu visade vägen. Jag såg för min inre syn, vägen som jag cyklade in i Paris på förmiddagen, och följde denna syn. Antingen gatan eller hotellet hette nånting med Amsterdam. Jag kom till hotellet lagom för att bli riktigt dålig, in på första toalett och spy. Sedan svalde jag ett antal koltabletter som jag haft med mig. De visade sig vara effektiva.

Natten var orolig, kunde inte riktigt sova. Vid 05.30 satte jag igång spritköket och gjorde lite te. Det kom upp med fart, men alldeles efter det så kändes allting mycket bättre. Jag berättade för värdparet hur det stod till och jag fick ett slags ört-te som kändes väldigt bra. Vid 11-tiden hade jag packat och gav mig iväg norrut, och beslöt att korta av resan och dra direkt hem. Så fort jag kom utanför stadsbebyggelsen, stannade jag under ett stort träd och sjönk ner i gräset, åt en yoghurt och slumrade en timme. Det var skönt i gräset, men det blåste en kraftig ugnstempererad vind.

Vid sju-tiden kom jag till Nanteuil och tänkte stanna där. Hotellet vid jvstn var fullbelagt, men man sa att i en by 7 km längre bort åt höger fanns två hotell. Jag gick gatan fram, nästa hotell var också fullt och man sade samma sak: i en by 7 km åt höger... Det hållet var för mig fel håll, så jag svängde vänster och hittade ett litet fint hotell efter bara 100 meter!

Nästa dag var det lite molnigare och temperaturen var nere under 30 grader då och då! På eftermiddagen kom jag fram till Fismes, där jag hade planerat att möta två cyklister från Sverige, för några dagars cykling tillsammans. Vi hade stämt möte på det lilla hotellet i Fismes, där jag och Viva övernattade året innan. När jag kom var hotellet stängt, så jag gick en runda i stan. I en speceriaffär stannade jag länge vid djupfrysningsdisken, det var svalkande. Detta har jag gjort många gånger i värmen. Lite senare fick jag mitt rum och när jag sa till 'le Patron' (chefen), att jag varit här förra året, så sa han: Javisst, det var med en tandem!

Så fick man då börja prata svenska. På kvällen åt vi en 16 fr meny: skinka, steack 'Maître d'hôtel', ost och frukt och vin. För min del var detta första lagade maten på en vecka, men det var gott. Lika gott som förra året.

Jag vaknade tidigt och vi åt frukost, gick ut 'på stan' och handlade lite frukt och dricka. På gården bakom hotellet hade vi all utrustning och vi pratade om det där med cykling. Nu hade jag bestämt mig för att ta raka vägen hem. Vi tog farväl lika hastigt som vi möttes. När vi lämnade hotellet, vinkade 'le maître' med ett glatt tillrop: 'à l'année prochaine', dvs. vi ses nästa år. Javisst, sa jag, för det började ju bli en tradition, det där med att övernatta i Fismes. Vi skildes år i ett gathörn, de två andra styrde söderut, jag vände åt norr. Det var tråkigt att inte kunna fortsätta som planerat, men Parisdagen var ett varnande tecken.

Staden St. Quentin befann sig några mil norrut och där passerar tåget från Paris till Köpenhamn, den gamla hederliga Nord Express. Dagen blev varm med flera sega backar. Jag åt och drack som vanligt frukt och juice.

Fram på eftermiddagen uppstod problemet att växla in resecheken för att betala tågresan hemåt. Det gällde att hitta en bank. Efter några omvägar kom jag till en större stad Laon.

I alla de små byarna finns det inget annat är 'jordbrukarbanker' och där ser personalen alltid förskräckt ut när man kommer med en resecheck som ju var standard på den gamla goda tiden! I Laon var det också kinkigt att växla reservchecken, han hade aldrig sett någon sådan. Den skulle skickas till Paris och det skulle ta en vecka, minst! Efter en stund gick han bort och tittade i en pärm och kom underfund med att det skulle kunna gå i alla fall. Jag fick 427 fr, och fortsatte hastigt mot norr.

Det var 44 km kvar till St. Quentin och jag visste att Nordexpressen avgick från Paris klockan 21.40, så jag borde hinna med det tåget. Vid 8:a-snåret kom jag fram och skyndade mig till biljettluckan. Man vet aldrig hur sydeuropéer hanterar öppettider, men det gick bra. Biljetten kostade 280 fr. Sedan återstod cykeln. Det visade sig att det gick bra att lämna in den, 20 fr. Tur kan man kalla det, för strax efter det att jag köpt biljett och lämnat in cykeln, stängdes både biljettluckan och bagageinlämningen! Jag satt sedan på en liten bar i stan och åt en skinksandwich.

Tåget avgick klockan 23.00 och jag fick tag i en liggplats. Liggvagnsföreståndaren hade ingen växel och inte jag heller, men jag hade 2 schweizerfranken och 1 DM, så det ordnade sig.

Nu sitter jag och skriver när vi närmar oss Puttgarden. Det kändes lite vemodigt att ha lämnat de andra två, men en lång härlig tågresa återstod. Jag klev på tåget kvällen innan i vagn nummer 3, och nu på morgonen satt jag mitt i tåget, alltså vagn 6 eller 7, och vi åkte åt andra hållet.

Det blev många tågresor den här sträckan under 70-talet: Göteborg – Helsingør – København – Puttgarden – Hamburg – Bremen – Dortmund – Köln – Aachen – Liège – Namur – Maubeuge – St. Quentin - Paris – Lyon – Avignon. Då kunde jag sträckan utantill och det var underbart att färdas med tåg i Frankrike och Tyskland. Nu är jag inte lika säker på att det är underbart längre. *(Förf. anm.)*

## En resa till Paris 1983

Under 1980-talet bodde jag i München. När man gillar att resa är detta allt annat än långtråkigt. Får man dessutom jobba med sånt som man även har som hobby, blir ju tillvaron riktigt användbar. München ligger ganska centralt i Europa och med tåg når man över en weekend de flesta sevärdheter, såsom Venedig, Salzburg, Prag, Rom, Medelhavet, Berlin, Zürich, Milano, Wien, de stora skidorterna i Schweiz samt Paris.

Det var maj månad och pingst även 1983. Jag hade inget särskilt att göra, så jag drog till Paris. Följande rader skrev jag några dagar efter hemkomsten till München.

Två av de tre pingstdagarna åkte jag så till Frankrike. Jag hade inte planerat nåt större äventyr för pingsten. Alla tyskar reser söderöver dessa dagar så jag hade räknat med att vara hemma lördag och eventuellt åka nånstans söndag. Ännu lördag eftermiddag hade jag inte bestämt nåt. Paris var lockande och jag hörde efter på stationen om man kunde reservera liggplats på Pariståget lördag kväll.

39

Det var naturligtvis för sent att boka, eftersom detta tåg kommer från Wien. Jag åkte hem och funderade på hur jag skulle komma till Paris, drack en kopp te och slöade i lugn och ro, studerade tågtidtabeller tills klockan var 17.30, då jag plötsligt fann att jag kunde åka med ett InterCity tåg till Mannheim och övernatta där. På söndag morgon gick så ett tåg från Frankfurt till Paris, via Mannheim. Strålande enkelt, tyckte jag. Men sista IC till Mannheim gick 18.43!! Det blev en smula knappt.

Jag packade fotoväskan med kamera, pass, pengar, rakhyvel och tandborste! Hann med bussen 18.05 och hamnade på stationen i god tid före avgång. Jag hade nu 10 minuter på mig att köpa biljett och hitta tåget. Kl. 21.30 var jag i Mannheim, via Augsburg — Ulm — Stuttgart — Heidelberg. På vägen, i tåget, fick jag se att det fanns ett anslutande tåg till Paris redan på kvällen. Jag ändrade då snabbt planerna. Om jag hann köpa biljett och fann plats i liggvagn, så var ju det bättre än att sova i Mannheim. Jag hade nu hela 13 minuter på mig att köpa biljett, enkel 2:a klass Mannheim — Paris (86 DM). Där stod en massa oroliga amerikanare som skulle ha biljetter, men till slut fick jag min biljett och hade dryga 2 minuter på mig, upp på perrongen och in i tåget, hittade en liggvagn, knackade på hos vagnskonduktören och frågade, med upputsad franska, om det fanns plats.

Det var alltså franska vagnar som kom från Heidelberg. Vagnen var nästan tom och jag fick en egen kupé att sova i. Klockan 07.13 stannade tåget helt enligt tidtabellen, på Gare de l'Est i Paris. Solen höll på att gå upp och det kändes mycket skönt att kliva ut i den friska morgonluften, iförd tröja och fotoväska. Valutan euro var inte uppfunnen ännu, så det gällde att ha fransk valuta med sig när man reste, och det hade man ju!

På stationen drack jag café-au-lait med en croissant. Jag hade inte tänkt göra nåt särskilt i Paris, fotografera en del och 'känna mig som hemma'! Därför gick jag en lång promenad. Funderade på att åka ut på landet nånstans och sedan finna ett hotell i Paris, för att på måndagen åka tillbaka mot München under dagen. Jag gick förbi platsen där de gamla hallarna låg. Här byggs för fullt, det kommer att bli ett pampigt verk så småningom, med affärer och fritidsmöjligheter. Det var ganska tomt på gatorna, men barerna hade givetvis öppnat.

Sedan gick jag så sakta i riktning mot Sacre–Cœur uppe på höjden, för att få en blick ut över stan. Här var det genast mer folk, dvs. turister, busslast efter busslast. Jag skyndade därifrån, och passerade strax den stora gatan där 'svenskhotellet' Brebant ligger, dvs. där svenska resebyråer dumpade sina gäster då för tiden. När jag korsade gatan kom två äldre damer med karta i hand och läsande på gatuskyltarna, varpå den ena sa.

— Hör du Greta, här är fortfarande Rue des Capuccines! Jag hastade vidare.

Strax därefter slank jag in på Café de la Paix vid operan och tog en andra frukost med en skinksandwich. Då får man en halvmeter 'franskbröd' med smör och skinka emellan. Klockan var nu 11. När jag studerade tidtabellen fick jag se att jag kunde åka expresståg till Bordeaux på eftermiddagen. Alltid trevligt att åka expresståg i Frankrike. Dessutom fann jag att jag kunde åka nattåg tillbaka till Paris och på så sätt slippa hotell. Jag hade aldrig varit i Bordeaux, så det kunde passa bra att göra en kort visit. Klockan 14 skulle det tåget gå, non-stop Paris — Bordeaux, med kniv&gaffel[1], en sträcka på 580 km, 4 timmar och 26 minuter.

[1] Kniv&Gaffel, är som bekant en symbol för restaurangvagn i tågtidtabellerna. Mer om Kniv&Gaffel finns i boken Min Resa.

Min promenad gick nu längs Rue St. Honoré, där alla flotta modeaffärer ligger, samt dyra hotell och presidentens bostad. Där utanför var det fullt uppbåd av kravallpoliser, dvs. de satt i pansarbeklädda bussar i varje gathörn. När man gick tätt förbi en sådan buss, såg man unga soldater som satt och slöade, några spelade schack och en eller två gick vakt utanför bussen. Det skulle väl antagligen komma något celebert besök till presidenten. På gatan utanför körde en jämn ström av turistbussar, och man såg att guiderna med van hand pekade åt höger och sade:

— Här bor Frankrikes president.

Jag kom så småningom fram till Les Champs–Elysées och promenerade ett stycke längs denna centrala del av världen. Jag har ju också cyklat upp och ner längs denna gata. Det var gott och varmt i solen. Trottoarcaféerna var fulla av folk. Jag vek av på en tvärgata ner mot floden Seine. Här hamnade jag mitt i en amerikansk kyrkförsamling som just lämnade gudstjänsten. Prästen i knallröd långrock, stod i porten och sade farväl och tog i hand.

När jag så kom ner till Seine, fick jag plötsligt se Eiffeltornet. Det var byggnadsställningar på flera ställen längs tornet, så det gick inte att få några fina bilder. Jag promenerade över bron Pont de l'Alma och hamnade i små bostadskvarter och ganska tomma gator. Plötsligt, på en tvärgata, var det fullt liv, grönsaksstånd, kött, fisk och frukt, en mindre saluhall på denna lilla tvärgata, söndag förmiddag, pingstdagen i Paris. Här dröjde jag kvar en stund. Det var intressant att studera det livliga folkvimlet, långt bortom turiststråken. Dom höll f.ö. på att stänga kommersen, klockan var väl ungefär 12.

Jag hade ingen karta över Paris med mig utan gick 'på gehör', stannade ibland vid metrostationerna och kikade på kartan som finns där. Promenaden förde mig så till Invaliddomen. Här slutade jag min rundvandring och tog Metron till stationen där Bordeauxtåget väntade på mig. Här hade jag också gott om tid, 10 minuter. Jag köpte biljett och äntrade tåget. På denna fyratimmars resa satt jag nu i restaurangvagnen och åt en härlig filé, fransmännen kan ju laga mat, även på tåg. Denna köttbit var väldigt fin, och det blev förhållandevis billigt. Jag betalade 34 FF, vilket motsvarar ca. 10 DM. På de tyska tågen betalar man ca. 20 DM för en liknande rätt.

På vägen söderut körde vi in i ett kraftigt oväder med ösregn. Längre söderut blev det åter soligt och tåget stannade i Bordeaux punktligt, 580 km från Paris, klockan 18.26 ! Här hade jag nu 4 timmar tills nattåget gick tillbaka, och det räckte gott till att se centrum i lugn och ro, cafébesök och några fotografier.

Genom Bordeaux flyter floden Garonne på sin väg uppifrån Pyrenéerna ut till Biscayabukten. Staden ligger långt in i den stora flodmynningen och jag blev förvånad över den stora hamnen. Själva centrum var ganska litet och gammalmodigt, med småhusbebyggelse och några gågator i gamla stan. Där fanns naturligtvis ett esplanadcafé, där jag satt en stund medan skymningen föll. Så var det dags för nattåget tillbaka till Paris.

Det var en ganska lagomvisit i Bordeaux. Jag gillar inte tröttsamma museer, sightseeing å sånt. En promenad bortom turiststråken, är grundpelaren i mitt resande. Klockan 06.30, måndag morgon var jag återigen i Paris. Det blev tid för en enkel caféfrukost innan jag steg ombord på tåget till Genève.

Jag hade tänkt mig att få åka med det relativt nya franska TGV–tåget (Train Grand Vitesse). Det kändes skönt att susa iväg ner genom Frankrike med en hastighet av 260 km/tim. Dom har börjat med dessa tåg på linjen Paris — Lyon, och byggt en helt ny dubbelspårig linje. Och det går undan, vill jag lova. Det finns inga ljussignaler utefter denna nya linje, dom hinner föraren ändå inte se(!), så man har byggt in dom i loket istället. Min första TGV-resa, det var stort! Detta var alltså 1983. Numera är det ju vardagsmat med ännu snabbare tåg kors och tvärs genom Europa, utom i Sverige förstås. Här skall det utredas och dras i långbänk i många årtionden innan man kommer fram till om man ev. skall börja tänka på det där med nyare järnvägar som går lite fortare. Flygplatsen utanför Göteborg, Landvetter, byggdes i början av 1970–talet och har fortfarande, 2024, ingen järnvägsanslutning! Jfr. Zürich Flughafen, där man i ankomsthallen, alltså redan på 1980–talet, tar rulltrappan ner och hamnar direkt på perrongen, där det inom 20 minuter kommer ett InterCity med 14 vagnar inklusive Kniv&Gaffel. På några timmar når man så de mest avlägsna platser i Schweiz.

Klockan 12 var jag i Genève. Här skulle jag bara byta tåg, ett InterCity till Zürich där sista tåget till München avgår kl. 16.19 och är framme kl. 21.13. Järnvägssträckan utefter Genèvesjön, Lac Léman, är väldigt vacker, man ser Frankrike och alperna på andra sidan och små ångbåtar, även hjulångare, tuffar runt längs med kusten.

När vi kom norr om Lausanne på väg mot Bern, blev tåget stående på en liten station, där vi inte ens skulle ha stannat. Där blev vi stående, och jag började fundera över hur det blev med anslutningen i Zürich. Normalt är det 25 minuter i Zürich, så det gjorde ju ingenting om vi blev 20 minuter försenade, men så kopplades loket av och bogserades bort! Stationsföreståndaren, han med den röda mössan, sprang fram och tillbaka på perrongen och telefonerade. Efter en kort stund kom ett lok dundrande, nere ifrån Lausanne. Det hela var fixat på 35 minuter.

Men anslutningen i Zürich var i fara. Erfarenheten sa mig att jag kunde bli stående i Zürich, utan tåg till München. Jag studerade mina tågtidtabeller och funderade på att ta tåget från Zürich till Milano och därifrån nattåget Brennerexpressen norrut, över de österrikiska alperna till München, för att kunna gå till jobbet som vanligt.

Det enklaste vore ändå att ta in på mitt standardhotell i St. Gallen och sedan ta första morgontåget till München, och gå direkt till jobbet frampå dan. På stationen i Bern hade man redan stuvat om i planerna och tidtabellen. Det försenade tåget, som normalt kör vidare till St. Gallen, stannade nu i Zürich och anslutningen till München var säkrad.

— Anschluß nach München ist gewährleistet, hette det i högtalarna. Allt gick enligt planerna, som det oftast gör när man reser med tåg i Schweiz.

*

Det blev flera Parisresor på 80-talet. Med ett mindre mått av franska språkkunskaper i bakhuvudet, är det trots allt väldigt tjusande att flanera i denna stora metropol. Året efter anlände jag till Paris med TEE[1] från Bryssel på morgonen.

På en stor, livligt trafikerad gata, hände något dramatiskt. En gammal, ganska liten bil saktade in för att svänga runt hörnet. Det sitter fyra i bilen. Bakdörren öppnas och en kille försöker hoppa ut. Han som sitter i framsätet, troligen detektiv, häver sig mot baksätet för att få tag i rymlingen. Fången vältrar sig ur, kommer på fötter och rusar iväg, händerna i handbojor! Det är

[1] TEE Trans Europa Express, det var lyxtåg, enbart första klass, som gick kors och tvärs över Europa förr i tiden. På 80-talet fanns det fortfarande några linjer kvar.

en stor, femfilig gata med tjock trafik. Rymlingen springer mellan alla bilar och en detektiv med full fart efter. Jakten gick kors och tvärs längs gatan. Jag stannade till och tittade. Till slut, efter bara några minuter, fastnade killen i detektivens händer. Med ett stadigt tag i armen och en pistol i andra handen, gick de tillbaka till bilen. Alltihop inträffade bara 30 meter från min plats.

Jakten i Paris har inte stannat i mitt minne, men det var ju nästan som att vara mitt uppe i en Maigret-film på tv. Det blev nedtecknat i ett brev hem. I bokhyllan har jag två Maigret på originalspråket och 11 i svensk översättning. Mycket trevlig läsning, även för en som inte gillar detektiv- och polishistorier.

Bilder från Parisresan 1983 finns på websidan www.fagra.st (*Förf. anm.*)

# Cykelturen 1976

## Mot Korsika

Årets cykeläventyr började med båtresan Göteborg – Kiel i slutet av juni. Första cykeldagen gick från Kiel till Hamburg, där jag köpte tågbiljett till Karlsruhe. Jag kom till Hamburg i god tid, så jag hann äta middag och gå en sväng i centrum. Så var det den vanliga stressen med att få ner cykeln till rätt perrong och på bagagevagnen. Ankomsten punktlig, Karlsruhe klockan 06.15.

Tyskan var för mig ett främmande språk på den tiden, med tonvikt på främmande ! Men jag fick frågat åt vilket håll Frankrike ligger, och satte av i den utpekade riktningen. Vid gränsen pratade jag sedan lite med de franska tullarna. Det kändes skönt, efter detta underliga Tyskland. Den första lilla byn jag kom till på franska sidan av tyska gränsen, hette Lauterbourg. Byns enda café blev lagom för en lätt frukost, café-au-lait med croissant.

Färden går söder ut efter Rhendalen. Området heter Alsace

och har bytt sida gång på gång i historien. Senare på eftermiddagen sitter jag i Strasbourg, som det står i anteckningarna:

*"på ett trottoarcafé och fyllnar till på vitt, kallt, gott vin!"*

Jag kommer till en campingplats just vid stängningsdags klockan 22. Jag närmar mig Vogeserna. Till årets historia hör att jag fick ett slags stipendium, för att deltaga i 'Conaissance de la France', ett läger med ungdomar från olika länder i Europa. Ett stort hus med sovsalar, matsal och sällskapsrum, som låg på en bergssluttning. Det gjordes utflykter till olika mer eller mindre intressanta platser runt om i Vogeserna och Alsace. Det var härliga dagar uppe i bergen. Detta gjorde att jag knöt ihop denna vistelse med min cykelresa. På tredje dagen blev det många backar upp och ner, i utkanten av Vogeserna. Jag passerade Gérardmer och hamnade i Vagney. Därifrån var det en lång uppförsbacke till fots till Haut-du-Tôt där lägret befann sig. Sålunda kom jag knatande upp för vägen en sen eftermiddag och gjorde stor uppståndelse med min cykel.

Det var händelserika dagar med utflykter per buss, bil och till fots, en tre dagars fotvandring, ca 7 mil, med övernattning ute i det vilda landskapet. Vi var sju svenskar, några araber, portugiser och en hel del franska ungdomar.

*"Landskapet är väldigt vackert, sjöar, höga berg, branta stup, stora enorma skogar och små byar. Dagarna är varma och soliga, nätterna ljumma och fina. Vi får en massa god mat, gjord av en liten rolig fransman. 'Kocken' med fru bor i närheten".*

Lägret pågick från 2 - 17 juli med några avslutande dagar i Dijon. Det hela bekostades av franska staten, inklusive tågresa till och från gränsen. Vi skildes åt en lördag förmiddag på vandrarhemmet i Dijon. Det blev många kramar och avskedstaganden.

På eftermiddagen sitter jag så på en liten bar ute på trottoaren

48

och dricker ett glas vitt vin från trakten. Och det är inte vilken trakt som helst, utan Nuits-St-Georges, en av de stora berömda vindistrikten i Bourgogne, Côte-d'Or, där man hittar de dyraste franska vinerna. Man dricker med andakt. På kvällen blev det middag med vin på en liten restaurang och jag övernattade i sovsäcken en bit från vägen varmt och gott. Flera av deltagarna på lägret undrade hur jag kunde sova utomhus i bara sovsäck, 'det är ju så kallt!' Kallt är väl antagligen ett mycket relativt begrepp? Färden gick åt sydost och från slättlandet kom jag så till Jurabergen. Backarna liksom ovädren avlöste varandra.

Jag hade lagt mig vid vägkanten, nära ett stup, där jag somnade. Plötsligt började det droppa lite och snart öste det ner. Jag hade ett dåligt regnskydd, traskade därför vidare upp till krönet, och kom därefter ganska hastigt ner på andra sidan. Övernattning på 'Hotel de la Gare', dvs. stationshotellet, nära Nantua. Jag blev överraskad av regnet, men det mesta höll sig torrt ändå.

Staden Annecy besökte jag även förra året, men nu var jag på väg åt andra hållet. Gamla stan är mycket vacker och ett återbesök var på sin plats. Söder om Annecy och den underbara sjön, börjar vägarna gå uppåt, mot de riktigt höga alptopparna. Jag köpte ett reservdäck med tanke på alla upp- och nedförsbackar framöver. Campingplats vid södra ändan av sjön.

20 juli, från Lac d'Annecy till St. Michel de Maurienne, ca 100 km. Det regnade lite smått på morgonen. Jag startade klockan 11 på stora landsvägen söderut. Bergen blir större och större. Passerar små industristäder Albertville och Ugine, förbi floden Isère och sedan börjar det gå uppför längs floden Arc, i en vacker dalgång, inte alltför brant.

Efter St. Michel de Maurienne börjar strapatserna på allvar. Vägen blir betydligt brantare och hårnålskurvorna avlöser varandra. Jag stannar vid halv niotiden, äter och slår läger i en S-kurva, strax intill vägen. Jag vaknade nästa morgon av att ett flertal vägarbetare pratade och 'grejade!' Jag bodde ju praktiskt taget på vägen.Två timmar till fots brant uppför till passet (1570 m), och sedan snabbt ner till skidorten Valloire, en 5 km lång backe utan allt för mycket skarpa svängar. Den backen hade varit fin att göra på skidor om det varit snö. Hela eftermiddagen knatade jag sedan uppför, 30 km, mot Col du Galibier (2704 m). Här uppe hade det varit en milsvid utsikt över höga snöklädda alptoppar och ett fantastiskt landskap. Det var tjockt med moln när jag kom, och sikten var knappt 8 meter! Det är då man blir missnöjd.

En mödosam dag men väl värd mödan. Denna väg lär vara en av de intressantaste i Frankrike, påstås det. Under förutsättning att man ser något förstås. Det gick betydligt fortare utför på andra sidan och plötsligt öppnar sig landskapet och en stor dalgång, när man kommer ner under molnen. På kvällen passerade jag Briançon och slaggade ute vid 23-tiden. Det är långt mellan campingplatserna i alperna.

**Så här i efterhand kan jag tycka att man skulle ha låtit tält och sovsäck stanna hemma, och bara ta in på små trevliga (eller småtrevliga) hotell. Men det är så dags att komma på det nu, 50 år senare!** *(Förf. anm.)*

Jag cyklade söderut i den stora dalgången utefter floden Durance. Mycket vacker natur. Det blev dags att byta däck, men det visade sig att det däck jag köpt för några dagar sedan var alldeles för stort. Att cykla tillbaka och byta fanns inte på kartan. I staden Embrun tog jag en varm choklad på ett litet café. Vägen följde sedan floden Durance till staden Sisteron, där jag som omväxling tog in på hotell, och vandrade runt i staden på kvällen.

Efter att som vanligt ha provianterat för dagen nästa morgon, började jag med att fotografera stan från andra sidan floden, en mycket vacker vy över Sisteron. Passerade sedan stora persiko- och aprikosodlingar och sedan hamnade jag på Route Napoléon, den väg han lär ha färdats på väg tillbaka till Paris från fångenskapen på ön Elba. Jag cyklade i andra riktningen söderut och passerade staden Digne. Ytterligare en backig dag men de riktigt höga alptopparna hade jag nu bakom mig. En ganska torr, karg och tröttsam väg som gick sakta uppåt. Landskapet blir vackrare ju närmare Medelhavet man kommer. I en kurva fick jag se en liten campingplats, Bivuac de Napoléon, och stannade för dagen. Stället heter Taulanne, knappt en by, några hus bara, med en bedårande utsikt söderut. Här träffade jag ett holländskt par med husvagn. De bjöd på mat, och det blev en del öl. Vi satt och pratade länge i skymningen. Sedan somnade jag gott den kvällen.

På morgonen var tältet fuktigt av dagg. Via staden Draguignan kom jag så fram till havet och St. Tropez på förmiddagen. Här var det soligt och varmt, mycket folk, stora lyxbåtar. Det såg precis ut som i filmen 'Le Gendarme de Saint-Tropez', med Louis de Funès. Nu har den gamla polisstationen, Gendarmeriet, gjorts om till museum. Jag stannade emellertid inte länge i St. Tropez, utan fortsatte österut längs kusten. Det var väldigt vackert med det azurblåa havet, de vita båtarna, palmerna och husen upp efter bergssluttningarna. En smal remsa för landsväg och järnväg utefter kusten, men alldeles för mycket bebyggelse. Det var knappt möjligt att komma ner till vattnet för att bada. Jag badade ändå rätt ofta (var 10:e km). Det var också långt mellan campingplatserna, som dessutom ofta var överfulla. Efter ca 82 km denna dag, slog jag läger ute på en klippa vid Cap Roux, och tog ett sent kvällsdopp i Medelhavet.

När jag vaknade nästa morgon, var tältet fullt av myror! Uppskattningsvis 7000! De hade hittat en ingång i öppningen vid dragkedjans början, och vandrat in, förbi mitt huvud och fram till ryggsäcken, där det fanns en påse med kex. Varje myra tog med sig en smula och traskade hem med den och talade samtidigt om för alla kompisar var godsakerna fanns. Det blev ett styvt jobb att få ut alla myror ur tältet, jag dränkte tältet i vattnet och skakade länge. Sedan torkade tältet rätt fort i solen. Det tog mer än en timme. Nu blev kusten mer och mer tätbefolkad.

*"Passerar Cannes, fortsätter att bada väldigt ofta. Sedan är det bara några kilometer innan man slukas upp av storstaden Nice. Jag anlände vid 3-tiden, besökte posten och fick ett brev hemifrån. Sökte upp Joëlle som jag träffade på lägret i Vogeserna. Det blev ett glatt återseende. Jag hade tänkt att fortsätta ganska snart till Korsika, men jag blev kvar i Nice 2 dagar, dels på grund av att båtarna var fulla dels ville Joëlle att jag skulle stanna".*

Mina 2 dagar i Nice med Joëlle och hennes bror har redovisats i boken Min Resa. *(Förf. anm.)*

Fredag morgon klockan 8.30 avgick båten till Calvi på Korsika. Det var tråkigt att lämna Joëlle på kajen i Nice. Efter 6 timmar möts man av en bedårande syn, den lilla vita staden Calvi, med en stor borg, överst på en klippudde, och det azurblåa havet runt omkring. I bakgrunden höga rödbruna berg och en tät grön vegetation runt om.

Hörde mig för på jvstn (min förkortning på järnvägsstation!) om tåg – priser – tider från Ajaccio till Bastia. Badade sedan och cyklade iväg vid 15-tiden. Jag satt på ett ställe och bara stirrade ut över landskapet i bortåt en halv timme.

En av mina få, riktigt bra bilder med Calvi, båten, badstranden och järnvägen, finns också i boken Min Resa, sid. 105. Jag hade tänkt cykla ner till huvudstaden Ajaccio på västsidan och ta tåget därifrån tvärs över ön till Bastia. Där går färjor tillbaka till fastlandet. I Frankrike gjorde jag dagsetapper på mellan 8 och 10 mil. Här på Korsika blev dagsetapperna bara 3 till 4 mil, mest på grund av dåliga vägar och många långa uppförsbackar. Cykeln blev också sämre, tungt lastad, ekrar och handbromsvajrar krånglade flera gånger. Börjar dagen med ett dopp, står det ofta i mina anteckningar denna sommar. Det var många sköna dagar med sol och värme och den underbara utsikten över Medelhavet. Strapatserna i alpterrängen var glömda för länge sedan.

*"Måndag: Jag sitter på 'playan' i Cargèse, ungefär mitt på Korsikas västra sida. Jag badar flera gånger om dan. Vattnet är kalasfint. I luften är det ca 30 grader, i vattnet 24 – 25! Vägen går utmed kusten, ibland vid havsytan och ibland på 300 meters höjd".*

Jag kom fram till Ajaccio på eftermiddagen den 3:e augusti. Fortsatte västerut mot Isles Sanguinaires[1], som ligger ett stycke utanför Ajaccio. Då kreverade bakhjulet! För många ekrar har gått av, hjulet skevar obehagligt mycket. Jag vände tillbaka till stan till en campingplats som jag fått rekommenderad av en ledare i Dijon. Jag blev mottagen av hans kompis. Åt mat på kvällen, Sauté de veau (ung. = kalops).

Nästa morgon, gick förmiddagen åt till att försöka fixa bakhjulet. Meningen var att jag skulle åka tåg på eftermiddagen till Bastia och ta färjan där, till Marseille. Men därav blev intet, sista tåget kunde inte medföra cykeln. Biljett hade jag köpt i Nice. Fick snabbt planera om rutten. På båtkontoret fick jag reda på att det gick en färja till Marseille klockan 9 dan därpå, och att biljetten kunde bytas ut. Letade reda på ett hotell och försökte gå ner i varv. En bar nere vid hamnen hjälpte mig med det.

---

[1] Isles Sanguinaires, på svenska ung. Blodsöarna. Öarna ligger i havet strax väster om Ajaccio, och har beskrivits av Alphonse Daudet i sin berömda bok Brev från min kvarn.

Efter hand fann jag flera fina campingplatser. Det finns inte så många, men de ligger lagom utspridda för en cyklist. Vägarna är tämligen dåliga långa sträckor, så det går långsamt, men det är så mycket lättare att studera naturen då.

*"Jag är förvånad att cykeln håller. Många olika ting är på bristningsgränsen, framdäcket , t.ex. Fick en punktering häromdan. Handbromsen fram rasade ihop igår, precis när jag nått toppen av vägen 480 möh. På sina ställen går vägen 200 – 300 meter upp, med lodräta stup och ett futtigt litet vägräcke av små sten, bitvis borta. Längst ner skummar vattnet mot röda klippor. Växtligheten är väldigt tät och ändå är det torrt. Det blåser ganska friskt här, och det gör det alltid, enligt en cyklist som jag mötte".*

Stora delar av Korsika är täckt av en sorts små buskar, en låg och grön vegetation som kallas Macchia (se wikipedia). På ett ställe i en liten affär hittade jag en likör gjord av macchia. Det var en liten ovanlig flaska av frostat glas. Jag blev tvungen att köpa med mig en sådan. Den smakade väldigt bra. Jag hade den i flera år, strängt ransonerad.

En dag då jag vandrade uppåt genom bergen på den smala landsvägen mötte jag plötsligt en ko helt ensam. Lustigt ställe att ha boskapen på. Ena vägkanten stupade ner, den andra brant upp. Jag mötte även åsnor ensamma på vägen. Måndag kväll, satt jag på baren vid campingen. Där vandrade en ensam höna omkring mellan benen på gästerna. Radion skvalade muntert ur en högtalare på väggen. Utanför på planen spelade man boccia (boule på franska). Jag såg på en plats ett anslag vid en trädbeskuggad plats i centrum – Denna plats reserverad åt boule-spelare sön- och helgdagar.

Undrar vad det är som gör att man (dvs. jag) blivit så förtjust, för att inte säga förälskad, i fransmännen och deras Frankrike! Joëlle frågade mig samma sak i Nice, och det var svårt att få fram något vettigt svar. Kan det vara vinet? Det talas ofta om vin, kvinnor och sång. Någon sångare har jag aldrig varit och Don Juan har jag inte studerat. Återstår vinet?

Just när solen gick ner vid horisonten tog jag mig ett dopp. Vattnet var varmt och härligt. Klockan var över nio. Det är en sån där stor otäck plage och meterhöga vågor väller in. Då jag var i Nice besökte vi också en studentresebyrå, rabatt med studieleg. Jag fick köpt en tågbiljett hem, Avignon – Paris – Hamburg. Återstår den lilla biten till Kiel. Båtresan har jag ju redan. Problemet är att jag hamnar i Hamburg klockan tre på natten. Båten går från Kiel nån gång 9 eller 10. Om det bara går nåt tåg....

Torsdag 5:e augusti tillbringades till havs på den stora färjan Napoleon, ca 8 timmar. Från början hade jag tänkt att cykla från Marseille via Camargue till Avignon, men cykeln var nu så dålig att jag beslöt att åka hem direkt. Nu började problemen. Det gick inte att pollettera cykeln längre än till Hamburg. Jag köpte en biljett Marseille – Avignon, och försökte få en biljett från Hamburg till Göteborg, men det var omöjligt. Kvällen gick och jag blev smått desperat. Till slut fick jag pollettera cykeln till Hamburg. Jag satt och sov på nattåget till Paris, lämnade in väskorna på Gare-du-Nord och fick en hel dag i Paris. Svårighet att växla in resecheck då jag inte hade fast adress i Paris! Tågresan Paris – Hamburg tog 9 timmar.

Tåget var överfullt. Ståplats större delen av vägen. Jag satt bitvis i korridoren, delade på en sån där liten nedfällbar sits med en tjej från Amerika. Vad gör man klockan tre på natten på Hamburg Hbf?

**När jag på 70-talet passerade Hamburg Hbf flera gånger, var det fortfarande den gamla stationen. Den byggdes senare om under flera års tid.** *(Förf. anm.)*

Godsavdelningen var stängd, så jag kunde inte göra något åt cykeln. Varmt kaffe kunde man få, men endast om man kunde uppvisa långfärdsbiljett. Allt annat var stängt. Lyckligtvis kunde jag få en biljett till Kiel och komma med färjan på morgonen. Dåsade i en flygplansfåtölj större delen av dagen ute på Kattegatt.

Väl hemma i Göteborg, fick jag förklarat min hopplösa situation med en trasig cykel som fastnat i Hamburg. En vänlig man på godsavdelningen lovade dock att skaffa hem cykeln för endast normal polletteringsavgift.

# Karneval i Nice 1985

Jag satte mig helt enkelt på tåget klockan halv fyra, på München Hauptbahnhof en fredag eftermiddag, bytte klockan 23 i Milano och vaknade strax efter sju utmed Medelhavets blågröna vågor. Detta var i februari 1985 och det var 10 grader, halvmulet och karnevalstider. Ett par dagar senare skrev jag på ett vykort hem:

*"Jag åkte från våren i Nice måndag morgon och hamnade i snökaos i Lausanne på kvällen".*

Det är så när man "globetrottar"! Jag har varit i Nice flera gånger, första gången i slutet av 60-talet, med språkkursen, då vi landade på Nizzas flygplats. Andra gången, då jag kom cyklande och tillbringade två dagar tillsammans med Joëlle och hennes bror. Och så nu, då jag gjorde en förlängd veckända från München med tåg, för att uppleva karnevalen[1].

[1]Några gamla filmsekvenser finns på websidan www.fagra.st Man lägger märke till allt damm och repor på den gamla smalfilmen. Med dagens perfekta videokameror, får man lägga till repor och damm i efterhand vid redigeringen, för att filmen skall se gammal ut. Mina smalfilmer såg gamla ut, redan från början.

57

När jag vaknade upp vid sju-tiden rullade tåget längs kusten, fortfarande på den italienska sidan. Det gick inte så värst bra att sova trots att det var en 1:a klass kupé, sittvagn, där man kan skjuta fram/ner sitsarna mot varandra, så att man kan sträcka ut sig tvärs över kupén, tre stycken. Strax efter klockan åtta steg jag av tåget i Nice. Solen sken och det var en härlig frisk vårluft. Jag satte in väskan i ett förvaringsfack och åt frukost i närheten. Det är praktiskt att bli av med väskan när man letar efter hotell.

**Att sitta i favoritfåtöljen, skaffa hotell via en bokningssajt på nätet må vara lättvindigt och bekvämt, men charmen med att stiga ut från järnvägsstationen och betrakta omgivningen, få syn på ett litet hotell tvärs över gatan, som ser trevligt ut, insupa atmosfären och gå över gatan och fråga om det möjligen finns ett enkelrum för 1 natt, är i min värld, det som 'var bättre förr', eller i alla fall charmigare! Och lägg märke till att på alla bokningssajter, finns det alltid "bara ett rum kvar", för att stressa på beslutsprocessen!** *(Förf. anm.)*

Jag gick emellertid en sväng i stan efter frukosten. Det var lördagsmarknad på den stora avenyn Jean Médecin, en av de största gatorna i Nice. Här var det stånd efter stånd på båda sidorna, levande fisk, bläckfisk, musslor och kött, frukt, blommor och grönsaker. Dom sålde potäter för 5 kr kilot, det låter billigt!! (franc är som den svenska kronan, alltså 1985).

I Frankrike kan det vara snudd på omöjligt att köpa frimärken. Normalt har ju postkontoret en lucka där man kan posta kort och brev och köpa frimärken. Jag klev in på ett stort postkontor vid jvstn. i Nice på lördagen. Kontoret öppet till kl. 16, nu var kl. 12. Jag gick till luckan för frimärken o.dyl. och han sa bara "Jag har inga frimärken! Du skulle ha kommit tidigare!!" Två 10-öres frimärken var allt han hade. Normalt kan man också köpa frimärken i sk. TABAC. Det är oftast en bar där man i ena hörnet av disken säljer cigaretter + frimärken. Det är en sorts officiell frimärksförsäljning, men också under bestämda tider. Det har hänt att dom säger "Nä, inte så här dags, kom igen i morgon!" Det är Frankrike och Italien det! Denna gång fann jag frimärken i en souvenirbutik där jag köpte några vykort. Där kan det också hända att man bara får köpa frimärken tillsammans med kort. Om man har ett fullskrivet kort och bara vill ha ett frimärke, så har dom plötsligt inga frimärken. Eller så får man inte köpa kort om man inte samtidigt köper frimärke till.

På det hela taget, var det två ovanligt sköna dagar i Nice, kanske för att det var vår i luften, kanske med hjälp utav karnevalen, eller kanske rent utav bara för att det var Frankrike! Jag mötte många trevliga människor denna gång, och jag plockade fram en del av mina gamla franskkunskaper. Tankarna gick också givetvis till Joëlle som jag träffade här 1976.

Längre fram på förmiddagen hittade jag ett hotell, det fanns väldigt många, i närheten utav stationen. 130 FF för rum med dusch och toalett samt frukost. Naturligtvis inte toppmodern standard men ändå. I Schweiz får man fylla i ett formulär med alla personliga uppgifter, här i Frankrike frågade de de bara efter namnet.

På eftermiddagen gick jag runt i affärer, tittade på havet, stranden var tom, men de stora vågorna bröt in mot kusten. Det såg skönt ut, färgen lika azurblå som på sommaren. Längs den stora avenyn hängde stora högtalare i varje träd och stora belysta figurer. Frampå eftermiddagen satte det igång med dundrande musik ur alla högtalare. Senare spärrades gatan av och de stora bilarna med figurer och belysning körde ut.

59

Vid 8-tiden brakade det lös, mera musik och ljus. Trottoarerna var fulla av folk, konfettin var tjock som dimma i luften. På den stora öppna platsen fanns åskådarläktare. Tåget gick hela den långa avenyn upp, vände runt ett kvarter och tillbaka ner igen, runt åskådarplatserna och sedan upp igen. Detta pågick några timmar. Alla var glada och musiken vrålade. På något sätt var stämningen mer uppsluppen där i Nice, än när nåt är på gång i München. När tyskar roar sig så hänger slagsmålet i luften.

I Nice såg jag något nytt. Förr slängde man ju alltid smala "pappersserpentiner", eller vad det heter. Här hade man nu serpentin på burk! Dvs. små sprayburkar med olikfärgad "serpentinsubstans". När man tryckte på avtryckaren, sprutade en smal tunn stråle iväg. Alla hade sprayburkar. Det var nån substans som klibbade fast där man sprutade, men som inte fastnade, lossnade lika lätt. Denna typ av 'serpentin-på-burk' har jag sedan aldrig sett. Sent på söndag eftermiddag gick samma tåg igen, nu i dagsljus, samma vilda liv.

På söndagen kom några fallskärmshoppare dalande från skyn och landade på stranden. Det skulle också vara nån kapplöpning utefter La Promenade des Anglais, där det också fanns massor av läktare utefter gatan. Sedan fick jag höra att i Menton, där jag bodde en sommar för länge sedan, gick också ett tåg, men med citroner och apelsiner. Jag har sett det på bild, stora vagnar helt inklädda i citroner och apelsiner.

Frampå söndagskvällen när lugnet började lägga sig, låg konfettin i drivor på den stora avenyn. Det var intressant att se hur renhållningsverket satte igång, sent på kvällen, med att städa upp, det hade dom gjort på lördag natt också f.ö.! Först kom förtrupperna och sopade upp det värsta i mindre högar. Sedan kom de stora sopbilarna där man öste in konfetti ungefär som

60

dom skottar snö här. Sen kom folk med vattenslangar och spolade gator och trottoarer. Det var ett hundratal man och det gick väldigt fort. Jag hade filmkameran med och filmade lite, hoppas det blir nåt man kan se, jag prövade också att filma lördag kväll med allt ljuset. Jag blev rätt så skonad från konfetti och "serpentiner", men när jag kom hem på kvällen var det konfetti överallt, i fickorna, innanför kläderna och när jag vaknade på söndag morgon, hade jag konfetti i sängen! Jag såg en som just skulle fotografera, och så dök det upp någon med en sprayburk som fyllde igen både kameran och fotografen. Det var visserligen fruktansvärt stökigt, man står inte ut länge, men det var roligt att uppleva. Jag kan gott tänka mig det igen. Det var nåt helt annat än oktoberfesten i München. Nice är en relativt stor stad, med ett exotiskt inslag av palmer överallt. Jag promenerade en sväng i gamla stan, åt crêpes i ett litet crêperi. Ett gammalt slott ligger uppe på en höjd. Därifrån har man en strålande utsikt över hela stan och esplanaden, ända bort till flygplatsen i bortre ändan av La Promenade des Anglais.

Hemvägen gick sedan med Pariståget från Nice till Valence, halvvägs upp efter Rhônefloden. Därifrån med ett mindre tåg åt nordost, via Annecy till Genève. Istället för stora tåget till Zürich, valde jag att stanna till i Lausanne och sedan åka på småvägar med MOB, Montreux Oberland Bahn. Till slut hamnar man på det gamla vanliga tåget Zürich — München.

*

Det där med konfetti, denna djävulska uppfinning, har jag varit utsatt för ännu en gång, i Basel under Fastnacht. Bild finns i boken Min Resa. I samma veva som jag tog en fin bild, blev jag överöst med flera kilo konfetti. Där kan man snacka om insnöad! *(Förf. anm.)*

61

## Med cykel på Malta

Jag fick en tjock bunt med information och kartor från turistbyrån på Malta under sensommaren 1986, och bestämde mig för att ta cykeln med och 'göra Malta' första veckan i oktober. Medelhavsländerna kan man med fördel besöka sent på hösten, så slipper man trängas med turister. Jag badade i 23°-igt, klart och fint vatten varje dag. Inga problem att hitta hotellrum (myggen var dock lika envetna i början av oktober, som vi är vana vid i juni!).

Efter 27 tim på tåget klev jag av halv tolv i Siracusa på Sicilien, en het söndag. Jag hade polletterat cykeln i München och hämtade ut den på järnvägsstationen i Siracusa på eftermiddagen. Tågresan lång, även för en tågentusiast som jag, men jag åkte fin sovvagn från Rom.

*"Vandrade runt gamla stan i Siracusa, säkert 30°. Hit kan man åka i november också. När man står här i Siracusa en eftermiddag i början av oktober, och tittar på ruinerna av ett gammalt hus från långt tillbaka i tiden, så skenar fantasin iväg. Var det här han satt? Med sina ringar, han Arkimedes?"*

Från Siracusa går sedan den stora bilfärjan över havet till Valetta på Malta, dit jag kom sent på söndagskvällen. Jag har

63

beskrivit några intryck från denna mödosamma dag i boken Min Resa. Jag hade noterat namnen på flera hotell i Valetta. Det var mörkt och inte helt enkelt att orientera sig, men efter en hel del besvär kunde jag konstatera att de hotell som jag antecknat var fulla eller så ville nattportieren inte besvära sig. Vad gör man? Man stegar in på lyxhotellet Phoenicia, strax utanför stadsmuren, och ber att få ett rum. Portieren såg minst sagt frågande ut. Jag liknade väl inte det vanliga klientelet på det här fina stället.

— Det här är ett första klass hotell. Vet ni vad rummet kostar?

Jag hade ju inget annat val och frågade stillsamt var jag kunde ställa cykeln. Jag tyckte mig se en rysning gå genom kroppen på portieren. Avslutningsvis blev det en kall öl i baren vid halv-ett tiden. Det har sina fördelar att vistas på lyxhotell också. Och så förskräckligt dyrt var det inte heller.

Nästa dag, Birżebbuġia, en liten trivsam, slumrande stad vid havet, några km sydost om Valetta. Då har man redan passerat en fjärdedel av landet. Jag cyklade medurs runt Malta och detta var första anhalten. Landskapet är överallt torrt och brunbränt, stenigt men trots allt vackert.

*"Klockan är halv tolv och jag skall ut och bada, se på havet och bebyggelsen. Skriver detta på en liten bar, dricker dagens första öl (som Hr Ehrenmark uttryckte det: 'det dävna engelska ölet, som smakar lätt av det diskvatten som glaset sköljts i')! Det är varmt, knappt några turister. Sydeuropeiskt med engelsk flärd, rent och snyggt".*

Utspritt över landskapet ser man små vita städer med en stor kyrkkupol i mitten. Kyrkorna är påfallande stora i förhållande till bebyggelsen runt omkring, men Malta är ju katolskare än påven själv! Städer och byar klättrar upp efter sluttningarna. Vart man än vänder sig ser man havet någonstans i fjärran.

City of Mdina. Har hamnat i en liten befäst stad uppe på en

kulle. Bor i ett Guest House, enl. gammal engelsk stil, men inrymt i ett gammalt palats, Palazzo Costanzo där förmodligen nån gammal aristokrat bott för mycket länge sedan. Stora rum, säkert 5 meter till taket. I bottenvåningen restaurangen, bar och souvenirbutik. En lång trappa upp, 8 rum ungefär. Det var fint och trivsamt. Det var bara jag och en ung familj som övernattade, onsdag kväll. Middagen var fin: fisksoppa, filé Rossini, glass och en halv flaska lokalt rödvin. Frukosten var helengelsk med stekt skinka, ägg och tomat, rostat bröd, te eller kaffe. Det smakar bra det dom lagar här. Kvällen innan åt jag svärdfisk för första gången.

Det var i Mdina som jag hade det stora fältslaget med myggorna. Jag var praktiskt taget igång hela natten. Myggor har en mycket utstuderad taktik. Jag har ju under tidigare cykelturer drabbat samman med framför allt myror, men även spindlar och sniglar. Detta var dock i jobbigaste laget. I anteckningarna står det ofta: det är varmt. Med tanke på att det var i början av oktober och 23 grader i vattnet, så stämmer anteckningarna.

Mdina är den gamla huvudstaden från medeltiden. Den ligger högt upp på ett krön, med en kraftig mur omkring. Små, smala gator, nästan helt utan affärer, det enda som fanns var tre restauranger, flera kyrkor och en hantverksaffär. På kvällen var det mörkt och tyst. Det ligger en större stad, Rabat, alldeles intill, där det är mera liv. 30 meter från mitt fönster klämtade ett par kyrkklockor varje kvart hela natten. Men det gjorde inte så mycket, för jag var ju igång med mina myggor.

När jag kom ut på gatan på morgonen, med cykel och packning, mötte jag en gammal sysslolös man. Han undrade var jag kom ifrån, vart jag skulle osv. Så önskade han: 'Bon voyage'! på franska! och klappade mig på axeln. Det var svettigt varmt redan när man kom ut från hotellet på mornarna. Mdina ligger mitt inne på Malta. Marken är snustorr och brunbränd. Det finns nästan inget friskvatten på ön, inga floder eller bäckar. Även på lyxhotellet första kvällen, stod det en skylt i badrummet: "Vattnet ej drickbart".

En liten bilfärja går mellan Malta och ön Gozo nordväst om Malta. Den har sin egen huvudstad Victoria. På fredagen cyklade jag runt Gozo.

Jag cyklade till en gammal tempelruin, Hagar Qim, på Maltas sydsida. Det finns många utspridda på både Malta och Gozo. De lär härstamma från 2000 – 3000 f.Kr. Klockan var ett och det var varmt och gassigt. När jag kom fram stod där en buss, och jag hörde att det var tyskar. De hade just sett templet och gick till den lilla baren, ett gammalt hus 100 meter från templet. Jag gick runt och tittade på stenarna och fotograferade. Efteråt gick jag också upp mot baren för att dricka en öl. Där satt då alla tyskar med obligatoriskt eftermiddagskaffe eller öl. Det var fullt. Baren sköttes av en äldre, tapper dam. Hon hade nästan lite för mycket att göra, korka upp flaskor, koka kaffe i köket innanför disken och ta betalt utav andra. När jag kom in hade de flesta fått sitt, så det gick att få en öl.

Tyskarna skulle åka iväg samtidigt som jag gick ut till cykeln. De var alla medelålders "turister". En hel klunga kom fram till mig och började fråga intresserat, var jag kom ifrån osv. De hade naturligtvis ingen tanke på att prata engelska, och det kändes skönt att kunna 'byta' och bemöta dem på deras modersmål. De tyckte det var storslaget, och som så många andra, "att komma ända från Sverige ... " När bussen körde, vinkade alla glatt.

Jag cyklade iväg och fick strax se ett tjusigt motiv, brun torr jord, gärdsgårdar, stad med stor kupolkyrka vid horisonten. Jag fotograferade kålrötter. Så kom det en kvinna gående, också från templet. Ingen inföding utan nån form av turist. Jag hade inte sett henne uppe vid bussen. Så sade jag nåt lättsamt (på engelska, jag växlade tillbaka till "standardspråket" på Malta), om att "vill ni åka med på pakethållaren?" Cykeln var ju överbelastad redan, men ändå ... Då sade hon, lite förläget: "Sie sprechen doch deutch? Ich habe es gehört da oben!" (ni talar ju tyska, jag hörde det därborta). Hon var med bland bussentusiasterna utan att jag märkt det, så jag växlade tillbaka till tyska. Hon hörde inte till bussällskapet utan var ute och gick på egen hand. Vi gick en bit tillsammans. Hon var med en 2 veckors flygresa från Bremen och använde de lokala bussarna för att besöka olika intressanta sevärdheter.

Den sista kvällen hamnade jag på Fort St. Angelo. Det är byggt av riddarna (dvs. turkiska slavar) på 1500-talet. Engelsmännen använde det till garnison. Nu är det ett flott hotellkomplex. Här bodde jag nu sista natten. Båten skulle gå lördag morgon. Det var detta hotell, nära kajen där 'min båt' lade till, som jag letade efter första kvällen.

*"Jag har sett mycket på dessa fem dagar, men inte tillräckligt. Temp. runt 30 hela veckan. Vattnet härligt. Har cyklat och badat varje dag. Ätit gott och bott bra. Pengarna räcker länge. Här finns allt som finns i England, fish & chips, ölet, engelsk frukost m.m. [ 1 Malta pund = DM 5,60 ]".*

Efter 5 härliga dagar på Malta, mycket sol och många bad, ställer man sig på akterdäck. Den stora färjan avlägsnar sig långsamt och man ser hur den lilla ön sakta försvinner i Medelhavet. Det var stort. Och en ljummen vind från havet, trots oktober.

## *Summering*

Jag fick en film tillbaka från framkallningen. När jag satte in mina 6 rullar i diaramar och beundrade solen på Malta, så märkte jag att det fattades bilder. När jag så letade igenom fotoväskan, hittade jag en film till, som jag glömt lämna in. Så var det att ta bilder på 80-talet!

Det mesta av dessa nedskrivna tankar kommer från brev jag skrev hem. I annat fall skulle historien om Hagar Qim ohjälpligt ha gått förlorad för alltid, då min hjärna har vissa likheter med teflon. Jag brukade skriva i mina brev, att:

*"detta var en sådan plats som jag definitivt skall besöka fler gånger".*

Jag återkom aldrig till Malta eller med fler nedskrivna upplevelser från Malta. Det gamla vanliga, jag hittade andra spännande platser istället. Men dagarna på Malta blev ändå något speciellt. Den lite engelska "småtrevligheten" och vänligheten, kombinerat med det sydländska klimatet, gjorde ett stort intryck på den cyklande globetrottern från Göteborg.

## Cykelturen 1978

*"Äventyret har börjat! Nu sitter jag på tåget söderut. Om aftonen den 3:e juli startade 1978 års stora äventyr med Prinsessan Desirée, Sessanbåten allt-så! Dags att gå igenom packningen en sista gång. Cykeln blev ivägskickad för två dagar sedan".*

Båtens avgång höll jag på att missa med en hårsmån, avgångs-tid 17.45. Klockan 17 höll jag på att packa det sista. Jag hade duschat och tvättat håret. Med andra ord, jag var redo att möta världen. Men klockan hann bli 17.20 innan jag kom iväg. Nu är det visserligen inte långt till Sessanterminalen från mitt hem, men packningen visade sig vara tung och spårvagnen kom inte. Taxi blev min räddning, efter lite letande. Jag var i god tid nere vid båten, 10 minuter före avgång.

Redan för en vecka sedan hade jag grundpackningen klar, jag har varit ute och provcyklat några mil med packningen. Till skill-nad från tidigare år, har jag försökt att tänka igenom packningen denna gång. Man borde lära av sina misstag. När jag nu kånkar ner till båten med min packning undrar jag om det verkligen är genomtänkt. Tungt är var det är!

Jag är vemodig denna gång, något som jag inte känt förut. Jag ser fram mot det stora äventyret, älskar att resa och åka tåg. För att inte tala om cykling. Det var två år sedan förra stora cykelresan. Nu hade jag planerat mer och längre än tidigare resor, 6 veckor ungefär. Jag har cyklat i Sydeuropa tidigare, jag vet vad som väntar. Det finns inget att tveka om, och ändå är jag vemodig.

Efter en lugn färd över Kattegatt, väntar nu en angenäm tågresa i Fredrikshamn, nattåget till Hamburg. Angenäm? Sittplats till Hamburg!

Det kom in en belgare i kupén. Vi konverserade en stund på engelska. Tågets rogivande dunki-dunk söver så sakta. Två danska ungdomar och en tysk kom till kupén. Det blev trångt och mysigt. I gången utanför hördes frampå natten några svenska röster, tågluffande killar. Efter ett tag kom en marockan in i kupén, det blev fullsatt. Varmt var det också.

Vi kom till tyska gränsen i Flensburg. Två unga energiska passpoliser kammade igenom tåget. Allt var bra utom för den lille marockanen. 'Kein visum', sa en av poliserna helt kallt. Marockanen ursäktade sig med att han skulle från Helsinki till Paris, i övrigt förstod han ingenting. 'Sie haben kein visum. Kein visum, ja, ja, kommen Sie'! Inget resonemang, av tåget med packning och allt. En av svenskarna skulle blanda sig i för att hjälpa till. På nån knagglig franska började han prata om visum. Marockanen visste bara att han skulle från Helsinki till Paris. 'Ja, ja, kommen Sie mit'.

På morgonen kom tåget till Hamburg klockan 6.40. Jag hade 20 minuter på mig att söka upp tåget till Köln klockan 7.00. Spår 14. Utvilad och pigg, med äventyret och hela världen framför mina fötter, gick jag nu och köpte tre bullar. På spår 14 står ett annat tåg med avgång 6.50. Strax efter kommer så Schnellzug D936 in klockan 6.57 och avgår prick 07.00.

Vädret är något molnigt, men solen lyser igenom och det verkar skönt, livet leker och det kan helt enkelt inte vara mera underbart. De tyska tågen är fina. Snälltåget till Köln är rätt stort, med ca 16 vagnar. På tåget finns Deutsche Schlafwagen- und Speisewagen-Gesellschaft mbH, dvs. en liten serveringsvagn som dras fram och åter genom tåget. Möjligen fanns det också en riktig restaurangvagn, men mina tyska tågkunskaper var obefintliga vid denna tidpunkt. Två år senare flyttade jag till Tyskland och där lärde jag mig allt om InterCity, EuroCity, Regionalzug, Speisewagen, Schlafwagen mm. Min tidiga frukost blev således ett par bullar och en dubbelkopp kaffe, det som allmänt kallas 'ein Kännchen kaffe', alltså en liten kanna.

Köln, dags för lunch och jag fick min cykel utan problem. Den väntade på mig på Köln Hbf, Tänka sig! Snabbt iväg till biljettluckan, en biljett för mig och en för cykeln, enkel väg till Koblenz. Tåget går om 10 minuter, gott om tid för att hitta rätt perrong, bära upp packning och sedan cykel och själv hoppa på tåget. Det är en aning nervigt, med tanke på att tåget bara står 3 minuter vid perrongen.

En timme senare gick jag av tåget i Koblenz. Till allas förnöjelse stod jag utanför stationen och packade på cykeln. Den hade blivit lite stukad under den långa resan från Göteborg. Dock inte värre än att det gick att rätta till. När jag var packad[1] köpte jag lite frukt och några kartor för den närmsta veckan. Innan jag lämnade Koblenz, cyklade jag ner till Deutsche Eck. Där var jag som liten med föräldrarna (boken Min Resa, sid 134).

[1] När man åker tåg skall man åka lätt packad. Detta sade Ronny Eriksson på 90-talet, men då visste han inte att jag åkte packad redan 1978.

Jag började min cykelfärd vid 16.30-tiden, upp efter floden Mosel. Det hela var väldigt vackert. En ny upplevelse, trots mina många cykelmil ute i Europa. Mosel kantas av små städer på båda sidor. På floden kör sightseeingbåtar samt många fraktpråmar. Tjocka moln och små solglimtar avlöste varandra. Jag kom fram till staden Burgen, där jag hittade en campingplats. Det regnade nu lite smått. Det är skönt att sträcka ut sig, även om det bara är i en sovsäck.

Vaknade vid 6-tiden. Det regnade. Då sover jag en timme till, tänkte jag. Klockan 7 regnade det, ok, sov! Framåt 8 höll det upp, men när jag just bestämt mig för att ge mig av, började det regna! Följden blev att jag startade relativt sent denna dag, klockan 10.30, men då hade tältet redan hunnit torka.

Utefter Mosel kan man cykla än på vänster, än på höger sida. Lika fin väg på båda sidor, även cykelvägar. Jag passerar Cochem i en krök av floden. Högt över staden ligger en stor borg. Jag vandrar runt och super in atmosfären, handlar lite frukt, persikor, krusbär och bananer. Köper även en soppburk att ha längre fram på dagen (det skulle visa sig att jag återkommer till Cochem flera gånger många år senare, dock ej med cykel).

Dagen går ganska fort, jag startade ju sent, och jag tillryggalägger ca 12 – 13 km/tim. Sammanlagt ca 7 mil. Eftersom jag cyklar motströms, så är det en svag uppförslutning hela tiden. Vid 8-tiden hamnade jag vid en camping i Traben-Trarbach. Här blev jag väl mottagen av norrmän, med moselvin och sång.

Jag blev inbjuden till festen, munter stämning. Mängden moselvin var obegränsad! Jag fick säkert i mig mer än en liter. Efter ett tag marscherade alla iväg över gatan, knackade på i ett fint hus, svärfars, sa dom, och alla trängde sig in. Mer dricka, och 'svärfar' bjöd sedan på whisky nere i källaren. Detta drickande, sjungande och pratande höll på till efter 23. Sedan fick jag låna en husvagn att sova i!

Att man gick och lade sig en smula vimmelkantig, säger sig självt. Det hade regnat på natten. Packväskorna låter jag sitta på cykeln över natten, tar bara in det nödvändigaste. Jag tog farväl av norrmännen och tackade för kvällen. Floden slingrar sig fram, antagligen är vägen utefter floden 3 eller 4 gånger längre än fågelvägen! Efter någon timme kom jag till Bernkastel, en mycket vacker gammal stad med korsvirkeshus från 1600-talet.

*"Mycket folk och kameror. Det finns mycket att se, skriver även några vykort. I småbyarna längs vägen stannar jag sällan. Här köpte jag persikor, aprikoser, tomater och bananer, samt en burk grönsakssoppa, som jag fixar till på eftermiddagen".*

Jag passerar Trier, en stor och otäck stad (i mina cykelögon!) Staden har anor från romartiden och en stor svart och berömd byggnad, Porta Nigra.

Gränsen till Luxemburg ligger alldeles nära. Jag passade på att äta. Knappt färdig kom ett häftigt ösregn. Då skuttar man snabbt in med cykel och allt i en bussväntplats. Den tyske gränsvakten log lite och undrade om jag verkligen kom ända från Sverige på cykel. I början brukade jag alltid berätta om alla båt och tågresor, men efterhand svarade jag bara: Jajjamensan! Man är väl inte dum eller! Jag berättade om mina planer och han önskade mig trevlig resa, och så cyklade jag över bron och in i Luxemburg. Alldeles vid gränsen fanns en liten affär och damen bakom disken tilltalade mig på svenska. Fick växlat 10 DM till Belgiska franc, valutan i Luxemburg. Sedan försökte tanten pracka på mig sprit, 'mycket billigare i Luxemburg än på båtarna', sa hon. Jag avböjde, hade ju inte kommit ända hit för att dricka sprit.

Strax efter klockan 20 kom jag till en campingplats i Grevenmachen. Stängt! En campare gick förbi, 'ta en plats bara, och betala i morgon'. Ingen dum idé. Jag trodde att jag kommit fram klockan 8, men i själva verket var klockan över 9. Västra Europa hade gått över till sommartid! Detta upptäckte jag på fredagen, då jag blev av med en timme. Däremot hade jag för mig att det var lördag! Längre fram på dan fick jag alltså tillbaka ett dygn.

Fredag: Jag lämnade campingen vid niotiden, trodde jag! I själva verket var klockan 10. Landskapet har ändrat karaktär, fortfarande Moseldalen, men nu är vinodlingarna mindre och terrängen plattare. Det största minnet av Luxemburg är vägarbeten. Alla vägar i Luxemburg är breda och fina, men att dom måste göras om precis när jag kommer! De små byarna längs vägen verkar gråa och tråkiga, tomt och öde, långt mellan affärerna. Jag frågade en flicka om det fanns nån brödaffär i närheten. Nä, svarade hon då bara. En liten bank i en liten by, där satt en äldre herre bakom disken med cigarett i mungipan, till hälften aska. Han rökhostade utan att ta ut ciggen. Allvarlig var han också. Jag fick växlat några DM. I Luxemburg pratas en rotvälska som tydligen är luxemburgiska, blandning av tyska och franska. I dörren mötte jag en rundlagd bonde på väg ut. Han sa en massa på denna rotvälska och så skrattade han gott. Utan att fatta ett ord, log jag tillbaka och sade ja, ja ... Undrar vad han sa!

Hela dagen färdades jag genom Luxemburg, backe upp och backe ner. Ängar, åkrar, skogar och kullar, tätt med små byar. Vid 17-tiden kom jag så in i Frankrike på en liten väg. När man kommer på de små vägarna blir man oftast ivägvinkad av passpolisen. Här stannade jag dock för att få en stämpel i passet. Nu hade jag åter kommit till Frankrike, visserligen bara en liten by som heter Ottange, men ändå.

*"Tunga moln hänger över mig hela tiden och ibland ramlar det ner lite vat-*

*ten. Därför stannade jag i Boulange en bit från gränsen och drack två stora café-au-lait med en maffig ost-sandwich, en halv meter lång. Det är trevligt att sitta på ett litet café och iakttaga folk. Alla känner varandra och man tittar lite misstänksamt på främlingen som sitter därborta med sin halvmeters ostmacka".*

Campingplatserna i östra Frankrike är inte många, så det blev flera hotellövernattningar nu. Det regnade lite stillsamt när jag lämnade hotellet i Audun-le-Roman. När jag hade blivit lagom genomblöt slutade regnet. Jag cyklade nu mot Verdun, krigsskådeplatsen för de båda världskrigen.

Man passerar små byar med boningshus och ladugård vägg i vägg utmed den enda bygatan. På eftermiddagen når jag de gamla slagfälten. Det mesta är turistiserat, men det är intressant att besöka de gamla trakterna. Mer än 130000 okända soldater stupade här. Högst upp finns ett stort monument och i backen framför, en stor fransk kyrkogård. Runt omkring finner man olika minnen från 1916, utplånade byar och ett museum.

Regnet hänger i luften. Jag träffar en svensk familj på väg hemåt. Alltid samma förundran: Cykla hela den vägen !! Jag tänkte hitta ett litet hotell söderut och komma med tåget till Strasbourg nästa förmiddag. Det blev några kilometer i lätt regn, mörker och motvind. Det är inte alla små byar som håller sig med hotell, men bar finns i varenda liten by. Klockan tio på kvällen kom jag till ett hotell, fick ställa in cykeln i garaget, där fladdermössen flög omkring. Rummet var rent och snyggt. Madame pratade lite och beklagade sig över vädret. Jag hörde på radion att denna sommar var den kallaste sedan 1913.

Söndag, 9:e juli: Vaknade tidigt, ganska kyligt i rummet. Allting var fortfarande genomfuktigt. Det duggade när jag startade. Innan jag gav mig av fick jag varmt vatten av Madame, till min termos. Vid 11-tiden kom jag till Comercy, en liten stad där tåget från Paris stannar. På stationen fick jag veta att tåget medtager cyklar. Jag köpte biljett, 47 kr för mig och 12 för cykeln. Nu hade jag cyklat 3 mil och skulle fortsätta med tåg 25 mil till Strasbourg. Vädret blev bättre. Jag fick hjälp av stinsen att lyfta upp cykeln. Det var alltså inte bara att rulla på cykeln från en hög perrong, utan nere ifrån backen, en meter upp. Personal på vagnen, stinsen och jag fick upp den tunga cykeln med packning och allt, å så gick tåget. Jag hann också att kliva på närmaste vagn.

Efter dryga 2 timmar var jag i Strasbourg, passerade här på förra resan. Nu frågade jag en taxichaufför efter närmsta vägen till tyska gränsen. Tanken var att cykla åt sydost, uppåt Schwarzwald. Jag for iväg på småvägar mot Offenburg, och kom över gränsen. Rhendalen är ganska bred här, gott och väl 20 km. Man skymtar Schwarzwald i bakgrunden, mörkt och grått. Jag hade sol nere på slätten. Från Offenburg går vägen sakta uppför i en dalgång som blir smalare och smalare ju längre upp man kommer. Nu börjar jag känna av regnet, som jag tidigare sett på avstånd. Busshållplatser tjänar som regnskydd och mellan skurarna fortsätter jag uppåt. Så går ett par timmar och vid 20-tiden upptäcker jag att klockan bara är 19. Jag har kommit in i Tyskland som inte har gått över till sommartid. Det regnar inte när jag anländer till campingen, men det syns på marken att det har regnat. Det har regnat ordentligt, marken är närmast gyttjig. Jag får mig tilldelad en liten plats i ett hörn. Det är fullt av husvagnar och bilar, trångt och stimmigt.

När jag har tvättat och ätit och drar mig tillbaka, så börjar regnet igen. Marken var blöt redan innan. Kylan breder ut sig. Det regnar hela natten, och tillräckligt intensivt för att tränga igenom både yttertält och innertält. Jag beundrar mitt fina lilla tält som står emot mycket, men detta var i mesta laget. Vatten börjar också tränga upp genom 'golvet'. Nu märkte jag att jag saknar liggunderlag. När jag inte kunde somna, satte jag igång spritköket och värmde lite choklad.

Nästa morgon regnade det visserligen inte, men allting var blött, så det kunde lika gärna ha fortsatt att regna! Det sprack upp och blev soligare. Jag packar snabbt och fortsätter uppför dalen. Vägen blir brantare så jag får gå en stund. Ganska högt upp mellan bergen ligger den lilla staden Triberg, mycket vackert. När man kommer nerifrån ser man huvudgatan rakt upp, nästan som en himlastege. Här finns också Tysklands högsta vattenfall, 130 meter. Det kostade 3 kr att se detta vatten ramla ner. Jag tyckte det var lite onödigt, för jag har ju de senaste dagarna upplevt så mycket vatten som kommer uppifrån, utan att betala ett öre, så jag fortsatte upp efter vägen.

Högt uppe i Schwarzwald, tog jag av på en liten skogsväg. Detta var en skön upplevelse, det var bara så bäst! Vägen gick över ängar och genom skogar. Bondgårdar låg utspridda lite här och var. Jag frågade mig fram för här fanns inga skyltar. Stundtals gick vägen genom djupa, tysta skogar. Jag var helt ensam med Schwarzwald. Plötsligt kom ett muntert gäng, 6 stycken i filthatt och knäbyxor. De sjöng glatt och hälsade 'Grüß Gott' när de passerade. Mina tankar gick till Livingstone, han letade ju efter Nilens källa, och här travade jag runt för att få syn på Donaus källa[1]. Skillnaden mellan Livingstone och mig är dock att Donaus källa har någon redan hittat och märkt ut.

Nu var jag alltså vid Martinskapelle, strax intill källan till den stora floden Donau. En sten med inskrift på, skulle bevisa detta.

[1] När man nu kontrolltittar på kartan, en modernare än den jag hade 1978, så finner man att dom har flyttat på Donaus källa. Det är en helt annan flod som rinner fram vid den där stenen nära Martinskapelle. Man kan inte lita på nån nu för tiden!

2888 km ner till Svarta Havet och 1078 möh. Det visade sig att jag hade kommit från baksidan. Nu gick en bred fin väg brant nerför åt sydost, med många skyltar i varje vägkrök. Det var långa branta backar, åtskilliga kilometer via Furtwangen ner till Donaueschingen där jag hittade min campingplats. Nästa dag gick utefter floden Donau ett par timmar. Jag passerade Tuttlingen och var nu på väg ner mot Bodensjön.

Solen sken och jag hade nästan medvind. Det var jag inte alltför bortskämd med. Utanför en liten by hittade jag en stor skog och en liten skogsväg som försvann rätt in mellan de mörka träden. Jag knallade in med cykeln. Det var skönt att komma ifrån den tunga trafiken därute. Här blev det snabbt tyst. Fåglar kvittrade och det susade från de höga träden. Jag tänkte sätta mig nånstans för att äta och vila. Plötsligt delar sig vägen i flera mindre vägar, som gjort för att gå vilse, alltså. Jag fortsatte.

På en gren fick jag se en stor örn. Den satt och gottade sig i solen. När jag dök upp, verkade det som om fågeln funderade, flyga eller sitta kvar. Det märktes att denna stora rovfågel var inte rädd. Jag stod stilla, kanske inte mer än 10 meter därifrån. Med några kraftiga vingslag lyfte örnen och försvann mellan träden. Strax därefter hittade jag en liten glänta. Det blev soppa, kaffe, bröd och frukt. En härlig stund. Att hitta ut ur skogen gick också bra. Det var skönt att cykla utefter Bodensjöns norra kustremsa. Man passerar små fina byar och städer: Sipplingen – Überlingen – Untermaurach och slutligen Meersburg, där jag tog färjan över till Konstanz. I Meersburg köpte jag några vykort hos Tante Emma (affären hette så!), växlade lite pengar och åt en glass nere vid strandpromenaden, resans första. Hela kustremsan påminner lite om rivieran, när solen skiner!

I Überlingen kom det fram en äldre herre och började prata.

Det går alltså att konversera på främmande språk bara man anstränger sig (nu vet jag t.ex. att päron heter Birne på tyska). Mannen frågade hur länge jag hade varit ute, vart jag skulle, hur långt jag cyklade varje dag, om jag var ensam: 'Ohh, ganz allein!'... Det är trevligt när man blir uppmärksammad. Många vänder sig om, andra vinkar och hejar. Man möter en del långfärdscyklister på vägarna, men inte många.

Nu var jag i Konstanz och mitt i stan går gränsen till Schweiz. På andra sidan gränsen heter stan Kreuzlingen. Min tanke var att cykla österut längs sydsidan av Bodensjön, fram till Bregenz i Österrike.

*"Det var inte samma charmiga stämning som på den tyska sidan. Jag vill minnas att jag inte riktigt gillade Schweiz förra gången heller! Det ser lite tommare ut, lite kalare. Allting går i grått. De små byarna är lantliga, och när jag förut sa att det är skönt att cykla på landet där det doftar gödsel, så är detta inte fallet här i Schweiz, här stinker det (oftast)! Strax utanför den lilla staden Romanshorn stod en stor skylt vid vägen: Besök Romanshorn, det lönar sig! Jag gjorde det, men inte lönade det sig. Jag har nu upplevt en temperaturstegring på ca. 10 grader, från 14 i Schwarzwald till 24 här vid Bodensee".*

Detta skrevs alltså 1978. Två år senare när jag flyttade till München, återupptäckte jag Schweiz, dels för skidåkande på vinterhalvåret, dels för sköna tågresor. Nu blev detta land ett av mina favoritställen! *(Förf. anm.)*

Sent på eftermiddagen sa det Pang! En eker gick av! Jag upptäckte att tre ekrar var av. Funderade lite på vad jag skulle göra. Tidigare på dagen hade jag passerat en cykelaffär, men det var ett stycke att cykla tillbaka och klockan var över 17. Till Bregenz hade jag ännu 8 km. Lite ompackning på cykeln, tyngre saker flyttades fram, och så fortsatte jag försiktigt framåt. Österrikiska gränsen, stämpel i passet. Passpolisen verkade glad att få se en cyklist som omväxling.

Himlen såg mulen ut och man kunde vänta sig en skur när som helst. Jag övervägde att ta in på ett 'Zimmer Frei', som det finns gott om här, frågade på ett ställe, men där var det 'besetzt!' I Bregenz finns två campingplatser ute vid sjön. När jag kom dit, visade det sig att där hade regnat häftigt i två veckor. Marken var mer eller mindre översvämmad och givetvis genomblöt. Jag fick tag i en plats intill en stor vattenpöl, snabbt upp med tältet, på med värmen (till kaffet!), åt och drack och lade mig redan halv nio. Jag saknar ett plastskynke att ha under tältet när det är blött på marken. Det är sånt man lär sig när det väl har börjat regna! Det blev minestronesoppa med bröd denna kväll. Samtidigt brottades jag med en massa lika hungriga myggor. För att summera kvällen, jag somnade trots buller och oväsen, myggor, regn och fukt.

Morgonen därpå var det blött. Cykeln behövde ses över , satte mig på ett par tomma plastpåsar för det var bara klafs runtomkring. Jag bytte ekrar, hade bara 5 stycken med mig. Det svåra är att rikta hjulet när man väl har fått dit ekrarna. Solen sken och det var varmt och klockan var 12. Denna fina camping kostade 48 shilling (ca. 15 kr, 1978!) Nästa camping i Feldkirch kostade bara hälften.

En fin gång- och cykelbana går utefter sjökanten, runt östra sidan in i Tyskland vid staden Lindau. Bredvid går landsväg, järnväg längs sjön. Jag stannade här vid fyratiden och hoppade i vattnet, 22 grader. Så cyklade jag söderut från Bregenz mot Lichtenstein. Campingplats fanns i Feldkirch. Floden Rhen börjar uppe i alperna och flyter förbi här och ut i Bodensjön.

80

Det blev ganska sent innan jag kom fram till campingplatsen. Nu är i alla fall rutinen inarbetad, tältet upp på 5 minuter, tvätta sig och värma kaffe eller soppa, lite frukt och sedan somnar man så gott. Ibland lyssnar jag lite på radio. Jag har hört en del nyheter på tyska, dvs. jag har hört nyheterna, förstå dom är en helt annan sak.

Nu hade jag Lichtenstein framför mig. Efter bara några kilometer är man i huvudstaden Vaduz. Högt ovanför staden ligger fursteborgen. Jag satte mig på ett café. Det myllrade av turister och varmt var det. På posten väntade ett brev hemifrån. Efter två timmar tyckte jag att det kunde räcka med Vaduz och efter bara några kilometer, så var man ute ur Lichtenstein igen. Det började åska över bergen. Vid en liten rastplats satt en fransk familj och åt. Jag gick fram och frågade om dom ville hjälpa mig att ta en bild med mig och de mörka bergsmassiven bakom. Utan att tänka på det, snackade jag nu franska efter att ha tragglat med: Bitte, Jawohl, Danke und so weiter.

Inte långt efter det att jag sagt adjö till fransmännen, började det regna en smula. Åskan dundrade till då och då och det mullrade och ekade mellan bergen. Jag hade regnskydd vid en bensinstation. Mellan regnskurarna kunde man cykla några kilometer. I Sargans fick jag tag i en karta över hela Schweiz. Närmaste camping låg 56 km bort i en ort som heter Lachen. Solen lyste och det var skönt att cykla. Nu såg man också de höga snöklädda alptopparna. Vägen gick västerut, längs med en vacker sjö, Walensee med grönt vatten och höga berg runt omkring. Längre fram ligger sedan den betydligt större sjön Zürichsee.

Det började bli sent. Jag cyklade rätt så fort för att komma fram. Lachen ligger idylliskt vid ändan av sjön med en liten båthamn. Nu inträffade det fenomenet att campingplatsen fanns inte mer. Fanns inte på kartan, som det heter nu för tiden. Det värsta var att den fanns inte i verkligheten heller! När jag nu tittar på kartan så finns inte namnet Lachen heller. Lachen på tyska betyder ju skratta, men skrattar bäst som skrattar sist, tänkte jag och trampade vidare. I Wädenswil vid Zürichsee hittade jag så ett litet hotell. Efter 5 nätter i tält, gyttjigt och blött, så passade det bra.

Efter Wädenswil gick vägen uppför igen, mot Vierwaldstättersee. Här i sydöstra Schweiz pratar man 'swytzer-dütch', komplett obegriplig tyska. För mig som inte kunde mycket tyska, kunde det ju göra detsamma. Jag köpte två persikor på ett ställe och flickan vid disken sa (ungefär): 'Drite Gröche'. Jag fattade ingenting. Till slut slog hon in det i kassaapparaten, och då visade den 0,30! Aha, sa jag. Dreißich! Ja, ja, sa hon då. Varför kunde hon inte ha sagt trettio genast?

Sedan passerar jag Zugersee. Landskapet är kuperat. Vid tvåtiden sitter jag i den lilla idylliska staden Weggis vid V-sjön, (min förkortning för Vierwaldstättersee). Nere vid sjökanten är det underbart. Jag äter frukt och skriver lite på denna förträffliga berättelse samt beskådar folk. Det kommer fram ett äldre par: 'Har du cyklat ända från Sverige?' Det gamla vanliga, jajjamensan!

Österut efter sjön, passerar jag Vitznau. Om jag hade vetat mer om Schweiz då, skulle jag naturligtvis ha tagit kugghjulsbanan upp till Rigi, en spetsig bergstopp på 1798 möh, med en vidunderlig utsikt. Men det visste jag ju inte då. På kvällen hamnade jag i Brunnen, alltså staden! Här åt jag flera år senare en minnesvärd Geschnezeltes med Rösti på ett litet trevligt hotell. Nu blev det bara en fuktig camping, med en uppvärmd burk gulasch. I Vaduz fick jag köpt ett stort plastskynke som jag nu använde under tältet. Här i Brunnen kom det väl till pass.

Efter Brunnen gör V-sjön en 90 graders vinkel och vägen vän-

der söderut. Höga berg ända ner till vattnet. Vägen är delvis ut-
huggen i berget. Tåget går innanför i långa tunnlar. En bit ner på
denna vackra kustväg ligger Tellskapelle, bara turister och souve-
nirer, så jag trampade vidare.

*"Ytterligare några kilometer och man är i Altdorf. Här står en stor ståtlig
staty av W Tell med armborst och son, framför ett rikt utsirat och vackert
målat klocktorn. Ledighetskommittén är samlad på den lilla platsen runt
brunnen".*

Här tog jag naturligtvis en fantastisk bild. Det stora proble-
met som visade sig senare, var att bilden inte finns och har aldrig
funnits. När jag bytte film senast, så satt inte filmen ordentligt
fast i frammatningsrullen. Jag knäppte drygt en hel rulle på vä-
gen upp efter dalgången, utan att filmen matades fram!

Den lilla floden, Reuss, rinner ner i V-sjön och kommer långt
uppifrån bergstopparna. Nu går färden upp efter dalen tillsam-
mans med järnvägen. Dalen blir trängre och trängre, bergen blir
högre och högre och allting blir vackrare och vackrare. Från Alt-
dorf 460 möh till Andermatt 1436 möh. tog hela eftermiddagen.

En liten camping i utkanten av Andermatt blev mitt hem för
natten. Alldeles intill tältplatsen var en brant gräsklädd sluttning
där kor gick och betade. Alla korna hade en stor klocka runt hal-
sen och de klinga-å-klang så vackert (som pastor Jansson sa en
gång, förklaringar finns på det allvetande nätet för den som är för
ung). Det var varmt under dagen, uppåt 25 grader. Sedan under
natten kom den kyliga alpluften och fram på småtimmarna hade
jag 7 grader i tältet. Det var första gången jag tältade på denna
höjd och jag hade förberett mig, långbyxor och tröja i sovsäcken.
Men man vaknade då och då, vred sig och rös i kylan, hörde kor-
nas pinglande och somnade om.

Måndag: Man överlever även de kallaste nätter. När jag tittade ut var det en sån där kristallklar luft och varmt. Det lovade gott för fjällvandringen över Gotthard. Denna morgon tog jag det lugnt, satt och skrev i gräset, gick runt i stan, provianterade och tog en bild, efter att ha satt fast filmen ordentligt. Här passerar Glacier Express, men det visste jag ju inte då.

Till slut fick jag slita mig från denna vackra trakt och sedan började bestigningen av St. Gotthard. Vägen var ganska brant men inte full av skarpa kurvor. Överallt forsade vatten uppifrån höjderna och man kunde svalka av sig titt och tätt. Det dröjde inte länge förrän man nådde den första snön. Det hade varit ovanligt mycket snö denna vinter, sa dom. Vägen var bred och fin. Massor av bilar och bussar passerade uppåt.

Efter ett tag kommer man till den gamla vägen, som är avstängd för biltrafik, kurvig och stenbelagd. Jag stannade vid en vacker sjö och åt lunch. Jag mötte flera vandrare som varnade mig för snö längre upp. Rätt som det var låg snön tjock över vägen. Jag fick släpa mig igenom. Det var inte så långt men väldigt tungt, ca 1 meter djup snö. Detta upprepades tre gånger!

Jag fotograferade och filmade en hel del, både blommor och berg, snö och mig själv. Detta var alltså långt innan någon visste vad 'selfie' var för något. Komplicerat var det också, inte bara trycka av och sedan titta på bilden! Man startar självutlösaren och trycker på knappen. Då har man ca. 10 sekunder på sig att säga 'cheeese', och sedan knäpper det, vänta i några veckor på att filmen skall framkallas och sedan kan man betrakta resultaten. Blev det inte bra? 'Pech gehabt', som dom säger i Tyskland.

Klockan var tre när jag nådde toppen, 2091 möh. Där var metertjock snö runt omkring, och 'drivor' med turister och souvenirbutiker. Man kunde köpa koskällor i 20 olika storlekar, där det stod St. Gotthard 2091 möh. Hannibal och jag har ett gemensamt, vi har båda gått över alperna, han med elefanter, jag med en tung cykel. Fast han gick visst över på ett annat ställe. Har man kommit upp på ena sidan, så måste man ner på andra. Jämn fin väg med många hårnålskurvor. Från ca 1500 upp till 2100 på 4 timmar, och sedan ner från 2100 till 1100 på 1 timme.

I boken Min Resa finns en av mina bästa bilder, en hårnålskurva med fri utsikt en kilometer rakt ner! Efter denna mycket vackra, men något skrämmande timme, kom jag så ner till Airolo. Här kommer den gamla järnvägstunneln fram. Vägen går sakta utför hela tiden ner till Lago Maggiore. Men vägen var dålig, mycket trafik och vädret blev sämre, hård motvind. Att trampa i nedförsbacke med hård motvind, hur kul e de?

I Bellinzona uppsökte jag en cykelreparatör. Jag hittade honom strax före klockan 12. "Kan du inte komma tillbaka halv två, jag skall äta nu?" Jag satte mig på en bar, drack choklad. Det ösregnade nämligen utanför. Som väl var höll det upp i olika omgångar, så att man kunde förflytta sig, men däremellan vräkte det ner. Tillbaka vid cykelaffären, det skulle nog gå att fixa. Jag gick för att ata. Det började regna igen, korta men intensiva skyfall med åska. Så var jag på stationen för att höra om man kunde åka tåg härifrån till Milano eller Genua. Både regnet och cykeln gjorde att jag blev ordentligt försenad. Men jag ville ju inte missa att se Lago Maggiore, där jag dessutom väntade brev hemifrån.

Det är i dessa lägen som snabba, kloka beslut måste tas. När jag gick tillbaka för att hämta cykeln, så ösregnade det! Cykeln kostade 10 sfr, hjulet var riktat och allt såg bra ut. Jag kom till Locarno vid 6-tiden. Det såg ut att vara en liten trevlig stad, vid norra änden av Lago Maggiore. Några kilometer söderut ligger nästa stad, Arcona. Här fanns en campingplats nära sjön.

Jag hade fått tältplats alldeles vid sjökanten, så när jag drog upp rullgardinen strax före sju, sken solen och vattnet låg där och glittrade framför mig. Jag hoppade i direkt, 22 grader i vattnet. Vägen gick sedan utmed sjön hela dagen, i strålande sol. Jag kom snart till italienska gränsen. En ljus, glad passpolis skrattade och tittade i passet. Dom var fyra stycken som stod där och gjorde ingenting. 'Ah, svezia . . . har du kommit ända därifrån på cykel?' Denna gången sa jag: Jajjamensan! Han blev väldigt imponerad. Han kände på mina muskler och sa en hel del på italienska. Han frågade vart jag var på väg och jag brukar svara Korsika numera. Nån stämpel fick jag inte, dom ville väl inte göra sig omaket att gå in på kontoret, "Verboten", sa han och önskade mig lycka till. Så trampade jag in i Italien. Jag märkte efter en stund att jag hade förlorat en timme, fick ställa fram klockan.

I Palanza vid södra änden av sjön väntade ett brev hemifrån. På posten fick jag säga 'Poste Restante' tre eller fyra gånger innan han fattade. Sedan bläddrade han i en bunt och fick fram ett brev. Vad kostar det, frågade jag. Han letade bland sina papper. 100 Lire. Jag räckte fram en 500 Lire-sedel. Så skulle han hitta ett frimärke att sätta på, men hittade inget, skulle stämpla istället, men det var för jobbigt, så han gav mig brevet och 500 Lire-sedeln och skakade på huvudet.

Lite längre ner efter sjön kom jag till Stresa. Där stannade jag på hotell och köpte tågbiljett för mig och cykeln till Genua, ca 20 mil, expresståg med avgång 6.47. Jag åt middag på hotellet och drack ett par glas rödvin. Det var ju nu länge sedan jag stjälpte i mig allt moselvin! Jag frågade Madame på kvällen, hur man kunde få en taxi eftersom packningen är ganska tung. "Det går inte så tidigt", sa hon. De va de tjockaste, tänkte jag då.

Det tog en halvtimme att streta iväg till stationen på morgonen. Men allt gick bra, både jag och cykeln kom med. Detta expresståg stannade otaliga gånger. De 200 km tog i Italien 3,5 timmar med 20 minuters försening. I Frankrike åkte jag 260 km på 2.5 timmar, utan försening. Så kom tåget fram till Genova P.P. (Porte Principale).

Jag stod och tittade vid bagagevagnen, ifall min cykel skulle komma av eller inte. Tänkte då på skillnaden mot Tyskland där i- och urlastning tog 3 minuter. Här höll man på i 15 minuter, plockade och lyfte, och till slut kom även min cykel av.

Det är intressant att cykla i en italiensk storstad. Djungelns lag råder. Man tar sig fram kortaste möjliga väg, så fort som möjligt. Utefter kusten ligger många små städer och vägen går upp och ner mellan bergen. I Rapallo stannade jag nere vid strandpromenaden för att titta på folk. Det kom fram en äldre herre, pekar på flaggan, säger "Sweden", och tillägger en hel del på italienska, som jag inte fattade alls.

Vid 20-tiden kom jag till den lilla staden Chiavari och fann en campingplats alldeles vid havet. Vad är då mera naturligt än att hoppa i det azurblåa Medelhavet? Jo, att få en tältplats. Campingen var rätt fullpackad. Det var nätt och jämt, ett sista litet hörn fick jag. Tur att tältet är litet. Jag satte snabbt upp tältet och hoppade i just som solen hade gått ner. Det var 24 grader i vattnet! Innan jag lade mig, åt jag ravioli. Det var bara 5 meter till järnvägen, men jag sov gott hela natten.

Nästa dag blev full av strapatser. Långa fina sandstränder, men röd flagga hissad överallt. Efter staden Sestri Levante började det hända saker. Jag kom till en tunnelöppning med trafikljus. Det såg ut som en gammal nedlagd järnvägstunnel. Enkelriktad. När det blev grönt försvann alla bilarna snabbt in i mörkret och jag tänkte att jag följer väl efter så sakta. Det fanns inga skyltar, bara ett svart hål. Jag cyklade tätt intill väggen. Den första tunneln var bara nån kilometer lång, men väl ute kom nästa tunnel direkt.

Sedan blev det plötsligt värre, en ännu längre tunnel, gott och väl en halvmil, utan trafikljus och obetydligt bredare, kolsvart och fuktigt. Nu gällde det alltså att hålla sinnena på helspänn, tungan i rätt mun och hjärtat i halsgropen. Varje gång det kom en bil framifrån eller bakifrån, stannade jag och tryckte mig mot bergväggen.

Jag cyklade på måfå framigenom. En gång körde jag rätt i bergväggen. Cykelbelysning är inte speciellt upplysande, den är där mest för syns skull! Min var trasig. Ibland fanns det små hål i väggen, ut mot havet som inte var många meter bort. På ett ställe kunde man, mitt inne i tunneln, köra ut ur ett hål till en campingplats, som klättrade på bergsidan mot havet.

Dryga 15 kilometer höll jag på i detta mörker, 3 eller 4 tunnlar tätt efter varandra. Nu trodde jag att äventyren skulle vara slut för dagen. Kartan som jag köpte i Pallanza vid Lago Maggiore är värdelös, och saknar ordentliga avstånds- och höjdangivelser. Mindre vägar saknas helt, sånt som är värdefullt när man cyklar. Detta var kustvägen, genom tunnlarna, men plötsligt vek vägen av och gick rätt upp i bergen. Det var ett väldigt bergsmassiv i vägen, för att komma till hamnstaden La Specia lite längre ner vid kusten. Vägen tycks dubbelt så lång när man inte vet var och när och hur man kommer fram. Inga avståndsskyltar eller höjdmarkeringar.

Jag skulle ha växlat lite pengar, men kom inte fram till La Specia förrän vid 8-tiden. Fortsatte istället några kilometer söderut och vid 9-tiden fann jag den lilla idyllen Lerici, med campingplats och allt. Mörkret ramlar ner ganska hastigt vid denna tidpunkt. Det är skönt att cykla på kvällen, när temperaturen kommer ner till 25 grader, svalt och skönt.

Söder om La Specia blir kustremsan helt platt, med kilometer efter kilometer av sandstränder och badhytter. Varje cm är exploaterad. Röd flagga var hissad så bad var inte att tänka på. I de små konditorierna finns goda, söta bullar med och utan fyllning. I en affär fick jag två karameller som växel, den äldre damen bakom disken hade inte två femöringar.

På eftermiddagen kom jag i närheten av Pisa, och beslöt att ta reda på om det där berömda tornet verkligen lutar så mycket som dom säger. Och det gjorde det! Kommersen var i full gång, små och stora torn som lutar, med inskriptionen Pisa, minst 20 olika storlekar! Det är så mycket mysigare att ta sig fram utanför de stora turiststråken där man slipper allt detta. Jag har passerat småställen där främlingar aldrig satt sin fot.

Söndag eftermiddag i Pisa. Jag hade tänkt komma med färjan i Civitavecchia för att komma över till Sardinien. Då behöver man tågförbindelse Pisa – Civitavecchia. Färjan skulle gå kl. 23, det hade jag tagit reda på i Genua. Biljett kunde man inte köpa eller boka på rederiets kontor i Genua.

Det gick ett par expresståg på kvällen, men det var nödvändigt att få med cykeln. På stationen försökte jag göra mig förstådd (pratade gjorde jag inte!) med en vänlig man. Han menade att cykeln skulle kunna komma fram klockan 00.30. Han kunde ingen franska, så det blev jobbigt att förklara. Jag hade en gammal reseparlör, mamma hade ju varit i Italien på 50-talet. Där hittade jag några ord: ikväll = stasera, en båt fick jag rita upp på papper. Dom var ett par stycken och verkade väldigt förstående. Efter mycket funderande och resonerande, kunde det gå med expresståget om 20 minuter, det var från början helt omöjligt. Packningen plockas av cykeln på 5 minuter. Cykeln kostade 6000 Lire, expressgods. Så till biljettluckan för att köpa biljett, vilket spår? Spår 4, sedan till baren och fixa dricka och smörgås, kommunikationssmörgås, dock inte inbakad i plast! När jag kom till spår 4 var det 2 minuter kvar till avgång, allt väl. Jag klev av tåget 19.45 och cykeln hade kommit med. Allting flöt på bra, jag cyklade ner till hamnen och köpte båtbiljett, avgång klockan 24. Gott om tid.

*"Därför satte jag mig på en liten restaurang och åt 'Spaghetti alla Pescatora', till detta vitt vin, halv liter i karaff för 2,50, bröd därtill. Allihop kostade 12.- Jag hann med en cappuccino och en glass också".*

Det var en stor båt, ESPRESSO de VENETIA och resan tog 7 timmar. Priset 48 kr inkluderade säng i tvåbäddshytt. Denna kväll somnade jag gott. Båtresan gick lugnt och fint, planerad ankomst till Olbia kl. 7. Den lilla staden Olbia ligger på Sardiniens nordöstra spets. Klockan 7 låg båten långt ute på redden. En annan båt blockerade tydligen 'vår' kajplats, men redan klockan 9 stävade färjan in till kaj. På en resebyrå fick jag reda på att båten till Korsika går från en liten stad som heter St. Teresa di Gallura, ca 65 km från Olbia. "Jag äter en glass för här är det varmt!".

*"På den lilla smala och knaggliga vägen norrut är det långa bilköer och jag trängs med enorma lastbilar. Längre norrut blir det mindre trafik och jag är efter ett tag helt ensam i det gulbruna, torra landskapet. Ödlor och ormar prasslar till vid vägkanten."*

Vid en liten by kom jag ut till havet och passade på att hoppa i vattnet. Det var 27 grader varmt. Vattnet, alltså! I skymningen nådde jag St. Teresa och en liten fin campingplats, tyvärr inåt landet, så det blev inget kvällsdopp. Däremot fick jag besök av traktens alla myror. Inte lika jobbigt som för två år sedan, men ändå!

Båten till Bonifacio på Korsika skulle gå klockan 10.30. Jag hade tid att vandra runt den lilla staden. I ett gathörn stod en polis och blåste i visselpipa åt folk. Små låga, fyrkantiga hus, vita eller ljusgula, några affärer, en kyrka och ett torg samt många små barer. Man fick stå i kö för att köpa biljett till båten. Det var en liten bilfärja så bilpassagerare fick ransoneras. För mig var det enklare.

Det stod en man och hejdade kön, frågade om man hade bil. 'Un velo', sa jag. 'Pas de problèmes!' alltså 'inga problem'. Man fick visa passet i samma veva, eftersom man lämnade Italien. EU:s inre gränser var ännu inte påhittade eller öppnade. Jag bad att få en stämpel. Han sneglade bort mot chefen, som rynkade på näsan. Chefen blev ju tvungen att kontrollera pass en stund medan den andre gick in för att stämpla mitt. Han blev borta väldigt länge. Jag gick fram och frågade vart han tagit vägen. 'In på kontoret', blev det korta svaret. Jag klev in dit. Där stod vår passkontrollör och kämpade med stämpeln. Den hade väl inte varit använd på länge. Han vevade fram dagar och provstämplade på ett papper. Stämpeldynan var troligen helt torr. Långt om länge fick han fram dagens datum, stämplade en gång. Det blev svagt, så han stämplade en gång till, på samma ställe, nästan!

Så kom båten, en liten konstig bilfärja.Bilarna som hade körts på, fick backas av färjan. Detta tog tid. Havet var blankt som en spegel. På avstånd såg man Korsikas vita klippor. Åt öster syntes en liten ögrupp, Iles Lavezzi. Här inträffade en fruktansvärd förlisning på 1850-talet. Alphonse Daudet har beskrivit historien i sin bok: Brev från min kvarn. Ett transportfartyg lastad med soldater från Marseille på väg till Krimkriget, hamnade här i en storm och spolades upp på dessa öar. Nu finns där en kyrkogård och ett kapell.

När man närmar sig staden Bonifacio från sjösidan, ser man de gamla husen högst upp på klipporna, liksom klänga sig fast. Husen hänger nästan utanför den lodräta bergväggen. En liten skyddad hamn ligger på 'baksidan', full av småbåtar. Färjan tutade ettrigt för att komma in till kajplatsen. På utsidan mot havet finns en trappa uthuggen i berget, där konung Aragon lär ha flytt undan nån belägring på 1200-talet. När jag kom iland fick jag ingen stämpel i passet. Man hänvisade till kontoret, och där var det lunchstängt. Jag satte mig på en bar och åt PAN BAGNA med café-au-lait. Detta Pan är ett stort platt rundstycke med massor av grönsaker, ägg, sardiner och oliver. Jag satt här länge och betraktade folklivet. Längs kajen fanns fullt med restauranger och barer. Till slut gick jag tillbaka och fick min stämpel.

Napoleon lär ha övernattat en natt i ett hus här. Utanför på väggen sitter en stor stenplatta, där datum för det celebra besöket står inpräntat. Överallt i stan fanns skyltar som visade vägen till Maison Bonaparte.

Med cykeln som vanligt lite för tungt lastad, styrde jag nu mot nord-ost och staden Porto-Vecchio, där jag fann min camping-plats. I receptionen möttes jag av en trevlig äldre herre, 'Bonsoir, jeun homme' (god afton, unge man). Han pratade långsamt och mycket, en jovialisk typ. Vi konserverade en lång stund, både om turister och Korsika. Jag frågade om det fanns nån fin badstrand i närheten. 'Ahh, oui! La plus belle plage de la Mediterranée!' (O ja, den vackraste plagen i Medelhavet). Plage de Palombaggio. Mils-lång plage, men det var 10 km dit så det blev inget kvällsdopp.

Jag frågade också efter en cykelverkstad, och fick köpt 10 ek-rar, verkmästaren hade inte tid. Ett par ekrar kunde jag byta, så-pass att cykeln rullade någorlunda. Cyklade ut till den berömda plagen, men det var ju inte det vackraste som fanns, dock väldigt skönt att hoppa i vattnet. En karaktäristisk syn på en fransk bad-strand, är den lilla skåpbilen som står ute i sanden och tillhanda-håller sandwich, crêpes och dricka.

När jag nu var i Porto-Vecchio så kom jag att tänka på att jag ju redan varit i Bonifacio och där kunde ett brev vänta på mig! Poste Restante. Varför hade jag åkt ifrån det? 30 km är inte mycket att åka tillbaka med bil, men kan vara nog så plågsamt med cykel. Alltså gick jag in på postkontoret i Porto-Vecchio och undrade hur man skulle få tag i ett brev Poste Restante Bonifacio? Till en början var mannen bakom disken lite tveksam. Det går inte! Han kunde inte ringa och höra om det hade kommit nåt. Jag kom på idén att få det eftersänt till Bastia, dit jag skulle komma om fem dagar. Det verkade också svårt, men så plockade han fram ett litet kort och fyllde i mina passuppgifter och eftersänd 1 st. brev till Bastia, lade detta i ett kuvert och skrev P.T.T. Bonifacio utanpå. Det kostade ingenting! När jag senare kom till Bastia, rusade jag ivrigt in på posten och voilà, ett brev hemifrån.

Därefter cyklade jag åt nordväst tvärs över Korsika, ca 20 km. När skymningen föll, passerade jag en liten by, köpte en bulle och en glass, satte mig vid vägkanten och åt glassen. Mitt emot var en bar med spelhall där ungdomarna tydligen samlades. Alla tittade på mig med förundran. Lite längre bort var en större bar där de lite äldre satt 'ute på gatan'. Jag utgjorde ett avbrott i det monotona vardagslivet på denna lilla plats, det var helt klart.

Nu började det bli sent. Enligt min karta skulle det finnas en camping i staden Sartène. Dit var det 25 – 30 km. Flera av dessa km gick uppför, så kvällen blev ganska sen. Det mörknade mer och mer. Jag var nu ute på rena landsbygden, så det var bara att knata på. Jag cyklade mitt på vägen. Då kunde man se vägkanterna som ljusa ränder, för det var inte målat.

Vid 23-tiden kom jag till Sartène. Nu visade det sig att campingplatsen låg ytterligare 15 km ner mot kusten! Jag letade upp ett hotell. Det fanns tydligen bara ett. Ett fint ett. Rum med dusch och frukost, var det jag behövde.

Nästa morgon, tänkte jag komma iväg tidigt men så blev inte fallet. Jag vaknar ofta tidigt, antingen det är en mjuk säng eller knagglig sten under ryggen. Vid 8-snåret kokar jag mjölk, tvättar mig och packar. Det går smidigt. Denna morgon åt jag frukost på hotellet. Utanför såg man hela dalgången ner mot havet, en mycket vacker syn. Sartène är byggd på en brant sluttning. Trånga gator går i slingor mellan gamla höga hus. Mitt i Sartène fanns en öppen plats framför kyrkan. Där satt som sig bör en massa folk på barerna och hela familjer på bänkar runt omkring.

Vägen ner mot Propriano vid kusten är en enda lång utförsbacke, 13 km, men vägarna på Korsika är ofta ganska dåliga så det går långsamt utför. Hamnstaden Propriano var full av turister. Det blev läge att hoppa i havet. Värmen har varit pressande, gott och väl 35 grader varje dag. Vattnet är svalkande och lite ljummet, ca 25 grader.

Filitosa strax norr om Propriano, är en gammal plats med utgrävningar där man funnit stenstoder från 3000 – 4000 f.Kr. På franskt vis har man gjort stor business av historien, bar och souvenirbutik och 5 kr i inträde. Det var mycket turister, bilar och stora bussar. Jag satt på baren en stund och följde sedan med en grupp. Det var inte så mycket att se (några upprättstående stenar, det har vi ju hemma också!). Men lite historia skadar inte.

Åter nere vid havet hittade jag plötsligt en liten campingplats helt oväntat. Klockan var 18 och risken att inte hitta nån mer camping på flera mil var överhängande. Jag stannade.

I en liten by gick jag in i den lilla speceriaffären och köpte grönsakssoppa och mjölk. Medan jag åt soppa, sjönk solen ner bakom bergen och himlen blev röd. Jag gick till baren för att smaka på Korsikalikör. Varje campingplats med självvaktning håller sig med en bar och om man är immun mot mygg så kan man mycket väl sätta sig här. Under det att jag skrev lite på denna spännande berättelse, smuttade jag på 'Liqeur de châtaigne' (kastanjelikör). Det smakade bra. Med många myggbett på benen (för jag är dessvärre inte immun!) var den 24:e dagen till ända.

Under natten sjunker temperaturen och det blir svalt, nästan kallt, ner mot 21 grader. Frampå småtimmarna blir man tvungen att krypa ner i sovsäcken. Jag har nu nästan glömt av hur härligt det smattrar på tältet när det regnar. Eftersom det finns så mycket att uppleva här på Korsika, så har skrivandet tappat fart och jag ligger flera dagar efter, vilket gör att många små trevliga detaljer går förlorade.

Fredag 28 juli. Hela denna förmiddag vandrade jag så sakta uppför. Vägarna går aldrig helt och hållet uppför. Rätt som det är bakom en krök, så bär det av utför en kort brant backe. Sedan får man börja knata uppför igen. På eftermiddagen kunde jag se huvudstaden Ajaccio på andra sidan bukten. När jag kom till Ajaccio köpte jag några ekrar i 'min' lilla cykelaffär. Det är bäst att förse sig, tänkte jag. På posten fick jag ut ett brev hemifrån. Flickan bakom disken frågade om hon fick klippa av frimärkena på kuvertet. Exotiska frimärken från det avlägsna Sverige, kanske inte var så vanliga här på Korsika. Jag gav henne även de två andra kuverten som jag erhållit hemifrån. Det är roligt när man kan göra någon glad.

På banken kunde man inte växla checken, den måste verifieras och det skulle ta en vecka! Nu hade jag reservchecken och tre svenska hundralappar. Jag växlade 200 kronor och reservchecken skulle gå bra att växla. Sådana har jag dock haft problem med förut. Det är inte helt utan risk att ha med sig resecheckar till Frankrike. Detta var vardagen på 70-talet, växla pengar och problem med resecheckar. Det skulle vara så säkert med resecheckar, sa dom, för att slippa bli rånad. I gengäld var det ofta problem med att växla in dessa resecheckar, för att inte tala om reservchecken som många små banker aldrig hade sett, där jag cyklade fram.

På stationen fick jag reda på att tåget gick klockan 08.07! Det kostade 40 kr för mig och 7 för cykeln. Hur skulle jag kunna vara vid stationen kl. 8, tältplatsen låg 12 km från stationen. Jag hamnade på den camping där jag stannade för två år sedan, när cykeln sa upp sig! Nu träffade jag en engelsk cyklist som satt utanför sitt tält och iakttog folk som passerade. Jag slog upp mitt tält bredvid hans och vi utbytte lite cykeltankar. När jag sa att jag skulle upp tidigt för att hinna med tåget, fick jag låna en väckarklocka. Han sa 'skjut in den under tältkanten bara, när du vaknat, så hittar jag den'!

Tågresan på Korsika var en stor upplevelse. En dieselvagn med släp puttrade på uppför berget, högsta punkt 1100 meter. Resan tar 4 timmar. Rälsen är ganska ojämn, så man sitter och skakar och blir rätt så mörbultad. Lite roligt att se alla i vagnen skaka i takt. Tåget var fullt och trångt. Det stannade på otaliga små stationer, där stationsklockan för länge sedan upphört att fungera. En stod på halv fyra, en annan på kvart i två!

Det var väldigt vackert uppe i bergen, med stora skogar och branta bergsmassiv. Det lilla tåget stretade och pustade upp för branta backar och långa omvägar för att komma upp. Till slut kommer man dock fram, vi var bara 20 minuter försenade. Man kommer fram i den värsta middagshettan. Värmen hänger och dallrar i luften.

Jag hade reserverat båtbiljett från Bastia måndag kväll, och tänkte cykla runt Cap Corse, den norra udden på Korsika. Cap Corse är bara ca 15 km bred, men ändå ligger här bergstoppar på över 1300 meter.

Direkt bakom staden Bastia reser sig höga berg så jag började med att ta mig upp. En liten trivsam promenad som jag nu är så van vid. Vägen gick över ett pass på 550 meter. Längst upp tog jag lunchpaus. Man såg då havet på båda sidor, västerut och österut. Långa fina nedförsbackar västerut, men vägen var dålig, så man fick kryssa mellan hål och knaggligheter. I en liten by, Patrimonio, kunde man provsmaka vin 'Degustation gratuite' (gratis provsmakning). Det var tydligen ett stort vindistrikt där man lite här och var kunde köpa vin direkt av odlaren.

En liten pittoresk hamnstad, St. Florent blev slutmålet denna dag. Alla människor är ute på kvällen och det är ett fasligt liv. Jag smakade ytterligare en korsikalikör, Liqeur de Myrthe (myrten).

Söndagen blev en av de där underbara dagarna, som förgyller tillvaron och som man glömmer så fort ! Vägen gick norrut på västra sidan av Cap Corse. Väldigt vacker väg. Bergen stupar rakt ner i havet och slingrar sig fram upp och ner. Backarna var inte värre än att man klarade av dem och dessemellan kunde man hoppa i havet. Jag badade tre gånger under loppet av 40 km. Vid 12-tiden passerade jag en liten by, Nonza, högt uppe på en klippa, 152 möh. På ena sidan stupade alla dessa 152 metrar rakt ner i havet! Speceriaffären var öppen, så jag handlade lite yoghurt och dricka.

Från början hade jag tänkt cykla runt hela Cap Corse, men tiden blev knapp och vid den lilla staden Pino kunde man gena över bergen ner till ostkusten, och spara ca 35 km. Ytterligare några branta backar. Här uppe på 560 meters höjd finns ett gammalt torn från medeltiden, som i sin tur är byggt på en ännu äldre byggnad från romartiden. Så här säger franska WikipédiA:

**Une tour de surveillance aurait été construite par les Romains à cet emplacement. L'histoire veut que Sénèque, philosophe ro-**

main, ayant vécu au premier siècle, fut exilé pendant huit ans dans le Cap Corse.

Med andra ord, historien vill att den romerska filosofen Seneca som levde 4 f.Kr. till 65 e.Kr. blev landsförvisad under 8 år till Cap Corse. Här satt jag nu i skymningen och beskådade solnedgången i väster. Solstrålarna glittrade i havet och det var så vackert (eller bara så bäst, som man säger nuförtiden). Och snacka om historiens vingslag! Det är skönt att cykla i skymningen efter en lång varm dag. Man kan ta på sig skjortan och temperaturen sjunker ända ner till 25 grader! När jag kom ner till havet, låg där en camping med en gång, direkt vid havskanten. Klockan var nio och jag hoppade i det svarta havet (alltså inte Svarta Havet, utan det normalt azurblåa Medelhavet som nu låg där svart och spegelblankt. Svalt och skönt efter dagens strapatser.

Jag kom in till Bastia vid 14-tiden och båten skulle inte gå förrän vid midnatt. Nu hade jag gott om tid och kunde koppla av ordentligt. Först till banken för att lösa in reservchecken. Den vållar alltid problem, det tog bara en timme denna gång. Sedan var jag på båtkontoret och hörde hur det skulle gå med den biljett som jag reserverat. På kontoret hade man ett datasystem för biljettbokning, men han kunde inte plocka fram mig med mitt namn. Helt omöjligt! Jag hade ju tyvärr åkt hemifrån innan svaret kom från Marseille. Men han sa att jag kunde gå ner till hamnen klockan 22.45, då man säljer biljetter till dagens avgång. Där skulle dom ha en lista med alla namn.

På en bar i centrum inmundigade jag en Crêpes-au-rhum, tog det lugnt och inväntade kvällen. Bastia är den största staden på Korsika, med en betydande hamn. En promenad i centrum på eftermiddagen förde mig till en liten affär där jag fick se de små fina likörflaskorna. Jag köpte en Liqeur de Maquis, 35 cl. 27 kr. Maquis är den låga buskvegetationen som växer överallt på Korsika och som gör ön väldigt grön, jämfört med Sardinien, som snarast är gulbrun till färgen. Den lilla flaskan är av frostat glas och väldigt fin. Likören, som smakade mycket bra, ransonerades strikt och flaskan finns fortfarande kvar i ett skåp. Innehållet varade i många år.

Klockan började bli allmän middagsdags, halv åtta, då jag i gamla stan hittade en liten trottoarservering, där jag intog sista middagen på Korsika! Jag åt en meny för 39 kr och drack därtill en halv flaska rött vin från Patrimonio, där jag cyklade förbi några dagar tidigare. Kalaset gick på 52 kr.

1. Terrine de sanglier
   En liten bytta med vildsvinspastej
2. Dorade grillé
   Nån slags medelhavsfisk, grillad hel 25 cm lång, med sallad, citron och persilja
3. Entrecôte
   En stor fin köttbit med grönsaker och pommes-frites.
4. Glass
   Stor bägare med jordgubbsglass

Hela tiden passerade bilar bara någon meter från borden på trottoaren. Det var fullt med folk och många stod och väntade. Min cykel stod på andra sidan gatan. Intill mitt bord gick en smal mörk gränd med gamla höga hus. Upp mellan husen hängde tvätt tvärs över gränden. Det såg väldigt sydländskt ut.

Klockan 22 var jag nere vid kajen. I biljettluckan fanns visserligen en stor datautskrift på alla reserverade passagerare, men när jag visade upp mitt namn, blev han lite irriterad. Det går inte att hitta! Skulle ta flera timmar, menade han. Till slut gav han mig en 2:a klass biljett i alla fall. Annars fanns det bara 4:e klass kvar. Det fanns 1:a, 2:a och 4 klass! Var har dom gjort av 3:e klass? Med biljetten ingick en flygplansfåtölj, inte allt för bekvämt men det går att sova om man anstränger sig. Strax före avgång sa en röst i högtalarna att hela båten är klimatiserad, så vi ber våra passagerare att förse sig med varma kläder under resan. Vad dom nu menade med det, för temperaturen var aldrig under 26 grader och någon sval frisk luft kände jag aldrig.

Klockan 4 gick jag ut på däck. Det var kolsvart och lugnt på havet. Luften var ljummen och det var hur skönt som helst. Egentligen skulle man gott kunna åka 4:e klass, vilket innebär högst upp ute på däck. Det var många som låg på bänkarna här ute. Längst ner under bildäck fanns en liten bar som var öppen under hela resan. Vid 4-tiden passade jag också på att raka mig, eftersom det var gott om plats på toaletten vid den tiden på dygnet! Båten anlände något försenad till Nice.

*

Sträckan utmed rivieran cyklade jag för två år sedan fast åt andra hållet. Nu var det jobbigare, motvind och för mycket trafik. Dessutom var bakhjulet inte så bra längre. Det myllrar av turister, mest tyskar och fram i augusti kommer alla parisare farande! Och så inträffade något ödesdigert, det som jag väntat på. En eker gick av, som gjorde hjulet så skevt att det nätt och jämt rullade. Förut har jag kunnat byta några ekrar och fortsätta, men nu var det nästan stopp.

Jag stannade på den långa plagen mellan Nice och Antibes och tog av bakhjulet. En eker kunde jag byta, men den andra var omöjlig att få på plats utan att ta isär hela navet. Det hade jag inte verktyg till. Jag skruvade på hjulet igen och det rullade med svårighet. Nu började jag organisera om min resa igen. Humöret sviktade lite och det blåste nu kraftig sidvind, lite regn kom också ner och det var ännu ett stycke till Antibes.

När man hittar en reparatör så har han ingen lust att hjälpa till. För jobbigt och han har för mycket att göra. Skall man nu ge upp eller vad återstår? Man kan ju alltid sluta cykla och ta tåget hem! Men varför ta tåget hem? Hem till regn och kyla! Nu när solen skiner, det är 35 grader och man är nere vid Côte d'Azur! Lika bra att ta det lugnt. Jag tog mig fram så sakta och passerade Cannes. Här är det alldeles för mycket folk för att det skall vara trivsamt. Det var lite för blåsigt för att hoppa i och bada. Lite frukt, några kötteder i det tysta och jag tog mig sakta fram under eftermiddagen. I närheten av bergsmassivet l'Esterel blev det dags att hitta en camping. Det var här jag kämpade med myror förra gången. Jag gick in på turistbyrån, eftersom jag plötsligt befann mig mitt framför denna. Man sa att det fanns gott om campingplatser i närheten. Jag fick en karta och cyklade iväg.

*"Campingplatserna på rivieran är överfulla på sommaren. Husvagnar, stora tält och bilar står packade och folk 'myllrar omkring', solar på stranden, badar och tittar på tv på kvällen. Höjden av tv-tittande var på de italienska campingplatserna. Man satt utanför sina husvagnar med en liten bärbar tv (någon som kommer ihåg dom?). En del såg 1:an, andra tittade på 2:an och alla hade ljudet högt uppskruvat. Man kunde se och höra minst 5 apparater samtidigt från en plats! Och massor av hundar som springer omkring".*

När jag kom till den första campingen, stod där visserligen 'Complet' på en skylt, men jag tänkte att det finns väl alltid någon liten plats i ett hörn. Men man skakade bara på huvudet. På nästa plats såg jag små gräsplättar som gjorda för mitt lilla tält. Svaret var detsamma. Jag försökte med: 'men borta i den ändan finns ju små . . .' 'Vi är en 4-stjärnig camping och kan inte ta in mer än ett visst antal!' Fullt! Punkt! Tredje platsen var endast en 2:stjärnig camping. Fullt där också, men han som hade 'hand ommet' kliade sig i huvudet och såg förtvivlad ut och sa att om det bara fanns nån plats så! Mellan ett träd och en husvagn kunde jag få stanna.

Onsdag, augusti 2. Efter frukost tittade jag på hjulet, vände på cykeln och försökte justera ekrarna så att hjulet åtminstone skulle rulla. Det är så gott som omöjligt att rikta ett hjul på måfå. Nu lyckades jag fuska till det så att hjulet snurrade utan att 'ta i'! Men skevt var det. Jag cyklade iväg lite försiktigt. Det höll inte länge. Jag hittade en cykelaffär, men det var ingen hjälp att få där, möjligen 'i morgon'! Uppe på en bro stannade jag och justerade hjulet. Plötsligt såg det riktigt illa ut. Jag blev smått förba—ad (jag fick inte använda fula ord för min mamma). Vände upp och ner på cykeln med packning och allt, kopplade loss hjulet och upptäckte en lös skruv. När denna dragits fastgick det att sätta hjulet så att det rullade fritt men ganska skevt.

Vägen gick upp i Esterelmassivet. Jag passerade med välbehag det ställe där jag hade tältat med myror förra gången. Längre fram kände jag igen stället där jag sökte skydd för ett ösregn. Nu sken solen varmt och gott, så jag var i och badade istället. På en badort satte jag mig på en stor bar och åt en maffig glass, en Magnum Banana Split!

När denna dag var till ända, hade jag trots allt tagit mig fram ca 50 km med det dåliga bakhjulet. Vid kvällens campingplats fanns som vanligt skylten 'Complet', men jag gick in och frågade. Här var allting lite enklare. Det fanns små utrymmen för såna som jag! När jag fick mitt lilla hörn satt där två cyklister från Helsingborg! Dom var på väg åt andra hållet, deras första resa. När jag fått i ordning tältet, gick jag över vägen och hoppade i havet.

Klockan var nio, det var mörkt men varmt, 25 grader. I vattnet!

Jag sa hej åt svenskarna och trampade iväg. Det gick rätt så lätt denna morgon och jag tillryggalade ca 20 km utan att stanna och kom till St. Tropez. Jag satt en stund på en av barerna i hamnen och betraktade folklivet och de stora lyxbåtarna. På den karakteristiska hamngatan i St. Tropez paraderade ju gendermerna med Louis de Funès i filmen Le Gendarme de St. Tropez, på svenska Lagens väktare i St. Tropez. Jag kommer inte ihåg när jag såg filmen första gången och inte heller om jag passade på att se den lilla gatan med Gendarmeriet från filmen. Det har nu blivit museum och är sig likt.

En stor badstrand, Plage de Pampelonne ligger nära St. Tropez, på utsidan av udden, flera kilometer lång. När jag kom, så hade alla redan kommit. Det var knökat, som vi säger i Göteborg. Om jag hade kommit den här vägen några år tidigare, hade jag kunnat mingla med Brigitte Bardot och de andra stjärnorna, men jag kommer alltid försent till sådana begivenheter. Jag hoppade hastigt i vattnet och fortsatte strax min cykeltur västerut. Vägen är mycket vacker, slingrar upp efter berget, med underbara vyer över havet och kustremsan. Badade igen vid 18-tiden och valde en förträfflig plats för eftermiddagspausen. Campingplatserna återigen fulla, 'Complet' överallt. Efter 3 eller 4 försök kom jag till en fin camping där man hade en liten avdelning för 'småtält', i övrigt var denna camping också fullbelagd. Här fick jag en varm dusch och i den lilla affären köpte jag dagen till ära ett paket fläsk som jag stekte på min lilla 'utegrill'.

Från början hade jag tänkt att se Camarge men med den dåliga cykeln, så strök jag det och tog tåget från Toulon till Arles istället. Jag kom relativt sent till Arles och cykeln skulle inte komma förrän morgonen därpå. Att hitta campingplats blev det inte tal om, jag hittade istället ett hotellrum och gick en runda i centrum när skymningen föll på. Arles är en förtjusande liten stad. Det tyckte redan på sin tid van Gogh. Det var här han målade sin berömda bro, Pont de Langlois. Staden ligger vid den stora floden Rhône. Nästa morgon var jag ute tidigt, staden höll på att vakna.

Folk började öppna sina butiker och ta bort järngallren från fönster och dörrar. Man bär ut sina varor på trottoaren. De flesta franska affärer har ju sitt sortiment utanför på trottoaren, dock mest matvaruaffärer, men jag har även sett spisar och tvättmaskiner på trottoaren. Äldre madamer skurade sina trottoarer och en stor tankbil körde runt och spolade gatorna. Arles, som så många små franska städer, är full av trånga gator där det knappt är plats för en bil. Jag köpte en Michelinquide 'Provence', för att läsa om allt det jag missade i dessa trakter. Gjorde också ett besök på den gamla amfiteatern. Den används ofta. Man har gjort en stor scen och installerat trästolar och riggat upp strålkastare. Några dagar senare skulle Charles Aznavour uppträda här.

Nu drog jag norrut. Utanför Arles börjar en liten bergskedja som heter Les Alpilles. Nåja, skall man cykla, så är den ganska stor, men med geografiska mått mätt liten! Ganska snart kommer man till en katedralsruin, Abbey de Montmajour. Stor och imponerande, byggd nån gång på 1200-talet. Alla gamla byggnader i Frankrike, kostar en slant att gå in och titta. Här var dessutom lunchstängt. Jag tog några bilder och fortsatte till Daudets kvarn. Hans fina bok 'Brev från min kvarn' lästes på franska några år innan och nu stod jag här vid kvarn. Det var stort! Mycket vacker utsikt runt om, men alldeles för mycket turister, så jag cyklade vidare och hamnade i Tarascon nere vid Rhônefloden. Den här lilla staden har Daudet också skrivit om, Tartarin från Tarascon. På andra sidan floden ligger Beaucaire. Här var det marknad, brokig, sydländsk sådan. Efter att ha kortat av cyklandet en hel del, kvarstod nu bara ett besök vid Pont du Gard, en gammal stenakvedukt från romartiden. Enligt guideboken, även värd en större omväg! Denna akvedukt var en del av en nära 50 km lång vattenväg som försåg staden Nîmes med friskt vatten uppifrån bergen.

Här ute, mitt i naturen fanns allt för den hungrande turisten, hotell, barer, restauranger, campingplatser, turistinformation med växlingskontor, souvenirbutiker, glasstånd och massor av parkeringsplatser. Det är en imponerande syn när man kommer på vägen. Här åt jag lunch vid vägkanten. Folk tittar så, när man sitter vid en cykel och breder smörgåsar och dricker kaffe och ser allmänt främmande ut! Detta vänjer man sig vid. En del skrattar och säger något uppmuntrande, andra blänger och undrar varför man inte kan uppföra sig som vanligt folk!

Så var det sista cykelsträckan, 20 km in till Avignon. Jag kom vid 3-tiden och siktade på att komma med Pariståget vid 23-tiden. Köpte en biljett till Hamburg och lämnade in cykeln. Jag gick till stationsbuffén och drack en pastis, som alla fransmän gör på barerna (gulfärgad soppa med lakrits smak). En liten rundvandring i centrum. Här har jag varit flera gånger. Man måste ju se den berömda bron som besjunges i visan: 'Sur le pont d'Avignon'! En bro som sträcker sig halvvägs ut i floden och lär vara byggd på 1100-talet. Det stora påvepalatset kan man inte undgå att lägga märke till. Här styrdes religionen på 1300-talet. Alphonse Daudet har skrivit om påvens åsna. Påven höll sig nämligen med en vit åsna som var väldigt klok. Några kilometer norr om Avignon ligger en liten by som heter Chateau-neuf-du-pape. Påven hade här sin privata vinodling.

Nu var det festival och begivenheter i Avignon, som alltid på somrarna. Det var alltså fullt av folk överallt, mycket ungdomar, luffare och allehanda småaktörer. Alla som tror sig om att ha något att ge, ger det! Mimare, sångare, musikanter, små teatergrupper, allt...! De springer sedan runt och skramlar pengar. Sådana som inget har att ge, tigger istället. Bland alla dessa aktörer, månglare och turister, såg jag bara två som var lite ostadiga på benen. Dom gick arm i arm och vinglade lite men störde ingen.

## *Hemresa*

Det var varmt och skönt på kvällen. Jag satt en timme på stationen och betraktade SNCF, dvs. Societé Nationale des Chemins de fers Français (franska SJ). Här passerar stora linjen Paris – Marseille – Nice. Under en timme på kvällen gick det 5 tåg till Paris, alla med 15 – 16 överfulla vagnar. Det är imponerande. Vid 23-tiden går 3 tåg nästan samtidigt, 23.03 – 23.06 och 23.09, dvs. ute på linjen är det mindre än 10 km mellan tågen och alla ligger och pressar i 110 – 120 km/tim.

När jag klev på tåget fanns det inga sittplatser. En minnesvärd tågresa genom Frankrike i mörka natten. Jag tillbringade resan ute i korridoren, vid ena änden, vid dörrarna. Min packning fungerade som sittplats, obekvämt och trångt. Ibland flög dörren upp, och den måste stängas, medan tåget gjorde 110 km/tim. Frampå natten försvann den sydliga värmen och det blev mera råkallt. Folk låg och sov i korridorerna. Jag beslöt att gå in på tvättrummet bredvid toaletten, och starta spritköket, värmde upp 2 koppar till termosen. Det var lite trångt och obekvämt, men det gick snabbt och bra. Detta lilla spritkök av armémodell är väldigt praktiskt och kan användas i alla lägen. Klockan var nu ungefär 5 och tåget susade ner från Dijon mot Paris.

Fransmännen har åtminstone förr, varit kända för att ha tåg som kommer och går i tid. Min gamle fransklärare brukade säga att man kunde ställa klockan efter tågen i Frankrike. Mitt tåg, 23.03, var 10 minuter försenat i Avignon, och stannade på Gare de Lyon i Paris, ca 65 mil senare,2 minuter före aviserad tid.

Måndag: Jag klev alltså av tåget klockan 06.45 i Paris. Solen hade inte gått upp, och det var lite kyligt men inte mulet. Tanken var att tillbringa dagen i Paris och ta kvällståget mot Köpenhamn, den gamla fina Nordexpressen, klockan 21.40.

Paris hade inte riktigt vaknat. Jag lämnade in väskorna på Gare du Nord och begav mig nedåt Rue La Fayette. Vid 8-tiden satte jag mig på ett litet trevligt café i ett gathörn. Det började strömma in folk. Frun stod vid baren och mannenserverade vid borden. Fina välklädda affärsmän kommer in, tar en kaffe och en croissant vid disken. En hel del folk från kvarteret tar en kaffe och pratar med madame. Genuint franskt. Värdparet var troligen från mellanfrankrike, för dom talade nån dialekt.

Jag satt här en bra stund, skrev lite och började så smått se tillbaka på de händelserika veckorna jag lämnat bakom mig. Promenaden gick sedan utefter Seine vid Pont-neuf. På en bänk satt en luffartyp och åt torra brödskivor. Han delade snällt med sig till duvorna. Jag gjorde också en visit på ett av de gigantiska varuhusen, Samaritaine, som upptar 3 – 4 stora kvarter. Latinkvarteren som ligger på vänstra Seinestranden bör man också ströva runt, och naturligtvis Les Champs-Elysées. Det gjorde jag i skymningen, när solen började gå ner bakom triumfbågen.

*"Jag släpade med mig en pariskarta, bara för att glömma den i väskan som jag låste in på stationen. Förra gången hade jag inte ens med mig karta. Jag hittar i Paris, lika bra som i 'mammas bakficka', eller vad är det man säger?"*

Jag var på stationen kl 21 för att invänta utropet av Köpenhamnståget. Bäst att vara i tid. Det började ösregna. Jag fick en bra sittplats på tåget i en vagn till Hamburg. En tysk familj hade reserverat plats och det var ganska lugnt i hela vagnen. Tåget dundrade iväg enligt tidtabellen och jag var med. Inte så bekvämt att sitta och sova. Jag sov i omgångar, men eftersom man passerar flera gränser, så är det täta pass och biljettkontroller. Jag har vissa minnen att ha 'tittat ut' på några ställen, Charleroi – Liège – Köln – Osnabrück. Dessemellan måste jag alltså ha sovit. När man åker norrut med köpenhamnståget från Paris, då är resan slut. Man hör en massa svenska, mest stockholmska och svordomar, faktiskt. Det är väldigt många tågluffare ute och luffar. Jag vaknade i närheten av Bremen, klockan var 10 minuter över 8, dvs. min klocka var det. På stationen var klockan bara 07.10! Tyskland igen. I Hamburg var jag inne på buffén och åt frukost, en timme till nästa avgång. På den tiden gick det tåg mellan Hamburg och Fredrikshavn, även nattåg! Det var tider det!

Detta var campingåren på 70-talet. Senare valde jag sovvagn, ofta också första klass, på mina tågresor från München under 80-talet. Det blev också små trevliga hotell istället för campingplatser och tält. *(Förf. anm.)*

Elva timmar från Paris till Hamburg och sedan åtta timmar från Hamburg till Fredrikshavn. Det som återstår sedan är bara sjöresan med Sessanlinjen över Kattegatt till Göteborg.

# Cykelturen 1979

## Norge

Klockan ringde vänligt men bestämt vid 6-tiden. En bedrövlig tid på dygnet, trots att solen redan varit uppe i tre timmar. Jag vaknade till liv på riktigt framemot klockan 11, då man sålde kaffe på tåget ungefär vid Halden. Det som hänt före klockan 11 är bara en diffus bild. Jag äter lunch i Oslo. Nu börjar äventyret, vädret är blåsigt men soligt, 19 grader.

Dagen innan fördrev jag på en bänk på Avenyn med en glass i solen, för att insupa göteborgsatmosfären. Bredvid mig satt några äldre människor och pratade om folks beteenden, i synnerhet utlandsresenärer. De ojade sig över det alltför dåliga leverne som svensken är berömd för. Sedan kom man in på ungdomar. Alla var överens om att det fanns en del ungdomar som hade det bra, som intresserade sig för språk, kunde resa på egen hand, prata med folk osv. 'Mera', tänkte jag i mitt stilla sinne, 'detta är ett lovtal till dig, min käre Klas'! Det är ju faktiskt så att när man tar sig fram vid sidan av allfarvägen, upplever man så mycket mer, ser mer och möter genuina människor. På hotellet i Benidorm möter man bara gästarbetare.

Tåget slingrar sig upp mellan bergen, från Oslo till Bergen. Det är otroligt vackert. Jag kliver av tåget i Geilo för att se lite av Hardangervidda. Cykeln är skickad i förväg. "När jag står utanför stationen, blåser det snålt och kallt. Vi är på 794 möh. Temperatur +8 grader. Det duggregnar och glad i hågen kliver jag in på stationen där jag får ut min cykel. Klockan är 19.30. Av stationsföreståndaren får jag veta att det går uppför en hel del framöver. Jag har Hardangervidda framför mig, med blåst, regn och snö! Det är väl juli månad? Campingplats i Geilo, jag kokar upp kålsoppa 'med boller'. Siktar på att kliva upp tidigt".

Jag klev *inte* upp tidigt! Natten var kall, +4 grader och duggregn, svårt att sova mer än korta stunder. Kalla vindar fläktade in. Söderut är det skönt med luftväxling. Tältet är gjort för god luftväxling, detta blev jag pinsamt påmind om under natten. Hade tänkt gå upp vid 6-tiden, men det slog jag ur hågen och sov gott fram till 9. På campingen i Geilo fanns rejält varmt vatten.

*"Detta var en stor tillfredsställelse då man jämför med campingar söderut där varmvatten ofta saknas och toaletten i bästa fall är ett hål i golvet (fransk standard). Man uppövar en viss taktik med tiden, att stå och knäa, lätt framåtlutad, och sikta på ett litet hål ca 7 cm".*

Tvättning, rakning och packning går numera på rutin. Färdig och packad vid tiotiden, cyklade jag så in till Geilo och 'gjorde byn'. Det här med att vara packad vid tiotiden lämnar jag utan kommentar, det finns omskrivet på annan plats. Liten by med stora turisthotell och souvenirbutiker. Jag provianterade och cyklade iväg i hård motvind, som jag fick med mig hela dagen.

Naturen är grandios, med snö, is, sjöar och berg i ändlösa sträckningar. Utan vind hade det varit en storslagen upplevelse, nu var det bara en upplevelse. I blåsten piskades vattnet till skum på de minsta sjöar. Vatten forsar och rinner överallt. Frampå eftermiddagen är det bara +5 grader kvar. Med den hårda vinden blev jag tvungen att gå långa sträckor som annars kunde ha cyklats.

Ustaoset heter en liten by. Här fick jag köpt en varm vintermössa. Stickade vantar med inbyggda hål i tummarna, hade jag med hemifrån. En kraftig vindrock fick jag köpt två dagar före avresan. Denna blev min räddning.

Vid sjutiden kom jag fram till Tråastölen, ett litet 'gasthaus' där jag intog en omelett och smør&brød samt te. Efter en stund kom två norska ungdomar vandrande över vidderna. Dom hade väl haft det lika jobbigt som jag i blåsten.

Efter lite vila och värme, satte jag av igen. Nu började Hardangervidda ta slut och vägen gick utför. Det började skymma. Fin väg hela sträckan över ödemarken och trafiken var sparsam. Nu gick den ner i en ravin. Jag stannade i en krök. Vägen 'hängde' på bergssidan och utanför räcket hade jag ett stup på 400 meter och ett gigantiskt vattenfall. Utefter den lodräta klippan, slingrade sig vägen ner så gott den kunde, på ett ställe genom en becksvart tunnel. Efter de långa timmarna och stretandet uppe på de fria vidderna, var denna ravin med sin trånga, branta väg, något helt annat! Forsen dånade i ravinens botten och efter en stund hade jag kommit ända ner. Klockan 10 på kvällen hittade jag en camping i dalgången och somnade till brusandet av Vøringsfoss.

Lätt frukost på rummet, dvs. i tältet, hastig morgontoalett och jag lättade 'redan' vid 10-tiden. Det gick utför från start. Efter bara några tramptag nådde jag Eidafjord och doften av hav och tång slog emot mig. En bred fjord med svart, spegelblankt vatten och en häpnande utsikt. Ovanför reser sig flera hundra meter höga berg som stupar rätt ner i havet. Solen sken och det var behagligt att cykla. Temperaturen steg till uppåt 20. Utefter hela fjorden syns inte mycket bebyggelse, bara enstaka gårdar. På flera ställen gick stora bilfärjor över till andra sidan. Mitt mål var att komma fram till Kinsarvik. Här går färja till E68 på andra sidan, stora vägen till Bergen (som om jag inte varit i bergen de senaste dagarna?).

*"När jag kommer över med färjan till andra sidan är klockan över 3. Jag hittar en fantastisk middagsplats uppe på en klippa, med milsvid utsikt över fjorden. Jag vill vara tydlig med att det är i det närmaste omöjligt att på papper fästa alla de intryck man möts av. Så när du läser dessa rader, låt fantasin spela fritt och lägg till ordentligt, så kommer du något närmare verkligheten"!*

Jag åt köttgryta, yoghurt, grovt norskt bröd när grovt norskt bröd är som bäst och kaffe. Strax bakom mig gick stora vägen, E68. Trafiken var sparsam, men då och då kom stora turistbussar. Jag såg i en buss, flera äldre damer som ivrigt körde armbågen i sidan på den som satt bredvid och utropade: 'Har du sett, Elsa, där sitter en och äter!!' Mellan bilarna var det tyst, ljuvligt tyst.

Denna middag med utsikt och eftermiddagssol var undanstökad på 45 minuter och storbelåten trampar jag vidare. Tidigare på morgonen hade jag mött en holländare. Han skulle upp mot Hardangervidda, som jag nyss hade lämnat.

Efter några timmar längs fjorden gick vägen uppåt. Den bestod av flera nya tunnlar som inte var tillåtna för cyklar. Däremot kunde man använda den gamla vägen som gick på klipphyllan utanför, två meter bred med ett stup på 200 meter rakt ner och en vild fors längst ner. Solen försvann bakom de höga bergssi-

112

dorna men det var inte kallt. Jag tänkte i mitt stilla sinne att jag skulle fortsätta hela natten, för att hinna fram till staden Bergen, jag var ju redan i bergen. Men framförallt för ljuset, naturen och det sköna klimatets skull. Klockan var 10 när jag nådde krönet. Det var inte mer än ca 400 möh. Området heter Kvalmskogen. Här ligger många små sommarstugor, eller Hytter som norrmännen säger. Vacker natur, björkskog och buskar, några höga bergstoppar med snöfläckar här och var. Det gick utför igen. Långa slingrande backar, forsar och vattenfall och små mörka sjöar. Mitt i utförsbacken mötte jag tre cyklister på väg uppför. Det skänker en viss tillfredsställelse!

*"Vid byn Tysse är det ca 6 mil kvar till Bergen, runt diverse fjälltoppar. Nere i dalen träffar jag på en engelsman mitt i natten, en något 'flummig' typ. Vid halv två-tiden stannar jag för att inta en nattlig kopp kaffe med bröd. Det är skönt och ljust. Jag slumrade till en stund på liggunderlaget".*

Det ljusnade, fåglarna började kvittra och jag kom så småningom in till Bergen, tidigt, innan folk hade vaknat. Stängt och tyst, ingen trafik.

Sex timmar kvar tills båten skulle gå, den lilla bilfärjan Smyril, med plats för 600 passagerare och 60 bilar. Den skulle avgå klockan 15.00, färöisk tid, vilket motsvarade 16, norsk tid. Jag åt lunch och köpte lite frukt och bröd. När jag kom ombord satte jag mig och somnade direkt. Båten stävade ut från hamnen och man fick en underbar vy över Bergen och bergen bakom. Vädret var fint och det såg ut att bli en skön tur. Till Färöarna tar det ca. 24 timmar. Mitt mål var dock Island och dit var det sedan ytterligare 18 timmar med Smyril. Båten gör ett uppehåll i Torshamn och går sedan vidare på kvällen.

# Cykelturen 1979

## Färöarna

De flesta medresenärerna från Bergen, såg ut att vara utpräglade naturmänniskor och vandrare, mest nordbor men en hel del tyskar och fransmän. Folk med grova skor, rockar, kikare, kartor, ryggsäckar, kameror på magen. Smyril var fullsatt.

Bilfärjor är sig lika, bar, tax-free-shop, cafeteria, växlingskontor. Man köper och äter och dricker. Men folk kan må illa också, för det började bli sämre väder, större sjögång ju längre ut vi kom. Vi var väl fortfarande kvar i norska havet, men dyningarna från Atlanten[1] var inte långt borta.

*"Frampå kvällen passerar vi Norges stora oljeplattformar som lyser som stora fyrar i mörkret runt om oss. Lite senare spelade Torshavns blåsor-*

[1] Dyningarna från Atlanten, ett härligt uttryck hämtat från vissångaren Ture Ivar Dahlberg.

*kester i baren och några tappra började också dansa. Det var en fin stäm-*
*ning ombord. Baren är väldigt liten och något dansgolv finns inte. Det var*
*korridoren som tjänade som dansgolv, förbi tax-free-shoppen och bort till*
*trappan. Här svängde man både polka och schottis, även jenka. Jag som-*
*nade gott vid 1-tiden".*

Nästa morgon var det rejäl sjögång. Den lilla båten krängde fruktansvärt. Himlen var tjockt grå och vågorna gick höga. På något sätt lyckades jag ta mig till serveringen och drack morgon-kaffe samt spisade medhavda smörgåsar. Där satt jag i lugn och ro längst fram och såg hur havet sköljde över hela förskeppet. De flesta passagerarna mådde efter omständigheterna hyfsat bra.

*"Det första man ser av Färöarna är en klargrön brant kustremsa som dyker*
*upp ur den massiva dimman. Det regnar i Torshavn. Staden är ganska stor*
*men består enbart av småhus. Över bergen låg tjocka moln, men nere vid*
*kusten var det klart. Denna första bild jag fick av Färöarna var så helt olik allt*
*jag sett, både karaktär och stämning, och gav därför ett enormt starkt intryck".*

Båten stannar några timmar innan den fortsätter till Island sent på kvällen. Det slutade att regna och jag cyklade iväg upp mot bergen. Den goda tanken var att kliva upp på en av bergs-topparna och i en bedårande solnedgång äta en enkel kvällsmål-tid. Den bistra verkligheten var en helt annan. Ovanför staden låg dimman (eller molnen) så tjock att det var knappt några me-ters sikt. Det blåste snålt. Vägen var bred och jämn och steg snabbt uppåt. Jag såg ingenting vid sidan av vägen, här och där kunde man skönja någon sten eller en grästuva. Man hörde små bäckar och vattendrag. Dimman var så tät att den lade sig som ett svagt snötäcke på kläderna. Jag hade 6 timmar på mig till bå-tens avgång. Vid halv nio öppnade sig dimman en aning och jag blev mäkta förvånad när jag såg fritt, flera meter vid sidan av vä-gen. Gröna grästuvor och forsande vatten. Två getter gick och

**116**

betade på en sluttning. Plötsligt skingrade sig dimman än mer och jag såg en stor del av ön nedanför mig och en stor vik av havet. Jag blev så överväldigad av synen, att jag 'slog läger' med en gång och satte igång spritköket. Det var oxköttsoppa denna gång. Men i rena vilda hänförelsen över den färöiska naturen, stjälpte jag ut hela soppan efter bara två eller tre skedar! Det blåste lite kyligt men jag satt i lä, temperatur ca 10 grader. Något varmt var just det man behövde, skulle man skratta eller gråta? Nu hämtade jag vatten ur en sprudlande fors uppifrån bergen, och kokade lite kaffe istället. Grovt bröd hade jag kvar från Norge. Smör och kex hade jag också. Naturligtvis spillde jag ut kaffe också och sölade ner både det ena och det andra i rena förbittringen (det borde ha stått någon myndig person [eller pesjon som man säger nu för tiden] i närheten, som kunde peka med hela handen och säga till mig: 'Det skall nog inte vara mer där!', men det hör inte hit)!

Fåglar skrek i närheten och tyckte väl att jag blivit lite väl närgången. Dimbankar pressade sig över bergen och svepte ner i den djupa viken under mig. Jag hade kommit upp ca 300 meter nån mil från staden. Det var en gigantisk upplevelse, men kort. Trots att allting var fuktigt, både av regn nere i stan och av dimma uppe på berget, så var det väl använda 6 timmar. När jag cyklade tillbaka var det lika dimmigt, men det gick betydligt fortare. Jag kom lagom till att posta några vykort, checka in och somna ombord på den trygga, stora lilla färjan Smyril[1].

På Färöarna var jag inne på posten, i en brödaffär och i en liten kiosk. Man förstod min svenska rätt bra och svarade på nån form av dansk-svenska som var lättförståelig. Jag frågade flickan i brödaffären var posten låg. 'Man går upp här och så spørjer man!'

[1]Några filmsekvenser med Smyril i sjögång finns på websidan www.fagra.st under menyn Resor - Island

# Cykelturen 1979

## Island

På lördag klockan 18 lade Smyril till i staden **Seiðisfjörður** på östra sidan av Island. Staden ligger längst in i en fjord med samma namn. Den såg så liten och pittoresk ut. Tyst och tomt. Molntäcket låg något hundratal meter upp efter bergssluttningen. Tullen snodde mitt smör! När jag frågade varför, så var det för infektionsrisken med mejerivaror. En liten butter tjockis satt och sa: Passport! Sedan viftade han med handen när han såg mitt pass.

De flesta små husen är gjorda av korrugerad plåt i glada färger. När Albert Engström[1] reste till Island i början av 1900-talet, reflekterade även han över dessa lustiga hus. Enligt Engström heter korrugerad plåt på isländska: **bølgeblick** och han fick stora poetiska visioner av hav och stillhet utav detta ord, och så

[1] Åt Häcklefjäll, del 1 & 2. Även om boken kom ut 1911, är den mycket läsvärd. Albert Engström skriver med glimten i ögat och ritar underbara karikatyrer.

är det bara vanlig plåt! Kyrkan i Seiðisfjörður är byggd av klarblå korrugerad plåt. Hela staden består av ett gytter av småhus och grusvägar. Jag hade inte väntat mig mycket utav det isländska vägnätet, men nu sjönk modet och hoppet flera grader. Jag slog fast utan betänketid att det är lika bra att korta av vistelsen på Island till 1 vecka istället för planerade 2. Detta medförde också att jag inte visste vad jag skulle ta mig till. Den svaga resplan jag gjort upp, skulle ju nätt och jämt gå ihop på 2 veckor. Vad göra på halva tiden?

Klockan var 18.30, lördag kväll. Jag stod på isländsk mark i en liten öde stad och hade bara höga svarta berg runt omkring mig. Om två timmar skulle båten gå igen och då skulle jag vara helt utlämnad åt vildmarken. Det fanns bara en liten smal grusväg ut ur staden. En speceriaffär var öppen lördag kväll, just med tanke på Smyrils passagerare. Jag cyklade dit, köpte **smjør** och bröd. Min tanke var att cykla iväg en bit uppför berget och slå läger för natten och sedan på söndag morgon komma ner till **Egilstaðir**, på andra sidan och höra mig för om bussförbindelser.

Vägen var brant och grusig. Bilarna körde ikapp mig en efter en, allt eftersom de släpptes iväg av tullen. Lokaltrafiken var sparsam för att inte säga obefintlig. Jag stretade uppför till fots. Lutningen var ibland 14% enligt vägskyltarna. Rätt snart kom jag upp i molntäcket och det blev dimmigt och tjockt. Detta var ungefär samma upplevelse som på Färöarna med undantag av att vägen här var betydligt sämre.

Vägar började inte byggas på Island förrän i slutet av 1800-talet och 'ringvägen', nr 1, som omsluter hela Island, var inte iordningställd förrän i slutet av 1940-talet. Detta cirkulerade i mitt huvud medan jag travade på i dimman. ”Vad skulle jag på Island att göra?” Jo! Jag skulle upptäcka nya naturscenerier! Se detta sä-

120

genomspunna land! En vägkrök med eget vattenfall och lite gröngräs, blev lägerplats denna första övernattning på Island. Jag slog upp tältet och gjorde i ordning kvällsmat. Klockan var ungefär 21.30. Forsen brusade intensivt bara 10 meter från tältet. När jag ätit färdigt, lättade molntäcket i stora slöjor och hela naturen uppenbarade sig. Helt makalöst! Förut var sikten inte mer än 20 meter. Nu fick jag se en stor dalgång, förlängningen av fjorden. Svarta berg runt omkring, med toppar på 1000 meter. Himlen var klar och ljusblå, nästan dagsljus. Tjocka moln trängde upp nerifrån fjorden, men pressades tillbaka av den kalla luften uppifrån bergen. Det var stort! Trots ljuset och det vackra skådespelet, kröp jag in i tältet och stoppade ner mig i sovsäcken. Temperaturen höll sig kring +8 grader, dvs. ett normalt kylskåpsklimat.

Söndagen startade klockan 8.30, och efter lite frukost och varm dryck, gjordes morgontoalett och tandborstning i den mäktiga forsen alldeles utanför knuten. Efter ett par timmar kom jag ner till Egilstaðir, som såg om möjligt ännu mera öde ut än Seiðisfjörður. Någon busstation såg jag inte till men en liten flygplats såg lockande ut. Jag bestämde mig för att höra efter om jag och min cykel kunde flyga iväg söderut. Enligt tidtabell skulle ett plan gå klockan 15. Jag möttes inne i den lilla 'transithallen' av en ung tjänsteman. Han var mycket vänlig och talade en smula skandinaviska. Det kostade 10000 Isk och cykeln visste han inte riktigt men det skulle nog gå bra, ca 2000 för cykeln. Jag sa att jag inte hade så mycket isländska pengar men det skulle gå bra att betala med svenska!

— Kom igen klockan halv tre, sa han. Jag passade då på att köpa lite bränsle till spritköket i den lilla Essotappen vid vägskälet som jag nyligen passerade, och placerade mig i en gräsbacke strax utanför stan och fixade lunchen. När man sitter i gräset får man syn på en massa små vackra blommor. Förr fick man ha extra tillbehör till kameran, mellanringar och makro-objektiv för att fotografera det "småa"!

När jag kom tillbaka till flygfältet, skulle man prova om cykeln fick plats. Han pekade ut på startplattan och där stod ett litet tvåmotorigt plan med plats för max 5 passagerare. Efter något funderande gick cykeln in, Man flyttade bort två stolar och möblerade om lite. Jag kunde alltså gå in och betala biljetten, 150 svenska kronor för både mig och cykeln. Vägning av bagage o.dyl. var det inte tal om. En tjej skulle också flyga, så när jag fått betalat min biljett, så gick vi alla fyra, piloten, co-piloten och två passagerare, ut på plattan för att stiga ombord på **'Flight No. UI 78 to Höfn'**!

Det var en trevlig upplevelse, inrikesflyget på Island. Här ute var landningsbanan bara en grusväg. Det rök väldigt när vi skumpade iväg. Jag satt och höll cykeln med ena handen. Framför mig satt min medpassagerare och där framme kunde man se in i cockpit. Vi kom strax in i tjocka moln, så jag fick inte se så mycket av landskapet. Flygningen tog 40 minuter och vi landade på en ytterst liten flygplats, återigen på en grusväg. Hela flygplatsen bestod bara av en liten 'transithall' på 4 x 4 meter och grusbanan. Piloten och jag lyfte ut cykeln och jag tackade för skjutsen.

I den närbelägna byn **Hornafjörður**, även kallad Höfn, hittade jag en campingplats och stannade för natten. Som vanligt blev det lite soppa, kaffe, smör och bröd. När jag cyklat söderöver tidigare, har jag inte kunnat ha smör med mig pga. värmen. Då har jag istället använt mig utav bredbar ost, de där små fåniga trekanterna med stanniolpapper om, som öppnas genom att man drar i en liten röd flik! Sedan har man garanterat

122

bitar av stanniol överallt, på brödet, i kläderna, i munnen och på fingrarna! Nåväl, nu har jag satsat på smör, eller **smjör** på isländska. Jag köpte ett paket direkt i Seiðisfjörður tillsammans med gott mörkt bröd.

En lång och händelserik dag började. Att vägarna är trögcyklade, har redan påpekats, men jag siktade på att ta mig 14 mil utefter kusten, förbi det imponerande **Vatnajökull** och sedan fortsätta med buss till Reykjavik. Under natten hade det småregnat hela tiden. På morgonen var cykel och tält ganska blöta. Packningen hade jag i tältet, så den var inte blöt, ... ännu! Tältet brukar torka på 10 minuter när solen skiner. Jag packade in det i våtaste laget. "Det ordnar sig alltid nästa gång man tar fram det", tänkte jag.

Efter att ha inhandlat lite bröd och frukt och växlat lite pengar, cyklade jag iväg på den nu något blöta grusvägen. Regnet hade upphört, däremot skvätte det väldigt från hjulen. Inte minst kedjan mådde pyton av detta. Den började gnissla efterhand. De svarta lavabergen reser sig flera hundra meter nära vägen. Det är dödstyst, förutom fåglar som skriker högt upp efter bergssidan. Trots att den lilla grusvägen är 'riksväg no. 1', så är den i det närmaste öde. Det kan gå timmar utan att det kommer en bil. Höfn där jag startade på morgonen, ligger rätt så nära Vatnajökull och man kommer ganska snart till östra änden av denna kolossala glaciär. 'Ganska snart' är kanske att ta i, men 'i sinom tid!'

*"Nu har jag Vatnajökull bredvid mig ända fram till Skaftafell, omkring 20 timmar. Stora klippformationer avlöste varandra glaciärer kom ringlande ner mot havet. Det är endast en smal landremsa mellan detta gigantiska berg och havet, Nordatlanten. Man hör havet på avstånd, hur det dånar, och när vägen kommer riktigt nära, blåser en stark och kall havsvind".*

Det går långsamt att cykla. Jag stannar med några timmars mellanrum och värmer upp soppa eller kaffe. Vädret var bra hela dagen. När jag lämnade Höfn slutade det att regna och solen tittade fram. Det var inte så kallt, men det var definitivt inte varmt heller! Frampå kvällen sjönk temperaturen sakta och rock, vantar och mössa kom fram en efter en. Vid fyrasnåret på natten är det som kallast, +4 grader.

Jag passerade en stor jökelsjö, där glaciären kom ända ner till vattnet. Där kunde man se 'kalvningen', då stora ismassor rasar ner i sjön. Ytan var kolsvart. Hela sjön var full av väldiga isblock som skiftade i grönt och blått blandat med svart. Det hela såg riktigt kusligt ut. Det var dessutom mitt i natten, tyst och stilla, förutom dyningarna från Atlanten. Längs hela Vatnajökull träffar man bara på ensliga gårdar. Från Höfn finns det ingen by förrän **K i r k j u b æ j a r k l a u s t u r**, 20 mil därifrån. På hela denna sträcka finns ingenting – bara några gårdar här och var.

Början av dagen var sölig, så skor, byxor, packning och cykel blev nersmorda med våt sand. Kedjan gnisslade nu i Fiss moll. Jag fick syn på en Essoskylt vid vägen. Ingen bensinstation utan en av de få gårdarna utefter vägen. Jag klev in på gårdsplanen. Det stod en liten pump vid sidan och ett gammalt garage där någon höll på att banka. Jag gick in och frågade om jag kunde få några droppar olja till kedjan. Det var en ung man som höll på att laga en gammal bil. Han förstod ingen svenska, och knappt nån engelska heller. När jag fick pekat ett tag, så räckte han mig en smörjkanna. Jag tackade och droppade på en aning på kedjan. Detta gjorde susen, kedjan blev som ny!

Tisdag, juli 10: Jag såg solen gå upp över en gigantisk fjälltopp, **Öræfajökull,** högsta bergstoppen på Island, 2119 meter (1979), endast 12 km från havet. Det var en sublim upplevelse. Inga moln på himlen, det såg ut att bli en fin dag. Solen började värma, men när jag cyklat en halvtimme fick jag stark motvind,

124

snudd på storm. Jag stannade vid en liten bäck för att tvätta händerna. Det visade sig att tvålen var i det närmaste oanvändbar i det kalla vattnet, förmodligen nollgradigt. Jag borstade tänderna istället.

Nu blev jag tvungen att streta i den hårda motvinden, mer än två timmar. Havet var nära på ena sidan och hedmark bort mot de stora bergsmassiven. Det var ca 25 km kvar till **Skaftafell,** där jag tänkt ta bussen. Efter en stund började det regna! Behöver jag säga mer? Bussen skulle gå klockan tolv, så jag hade en rimlig chans. Den kom samma väg som jag, så jag kunde stoppa den på vägen. Snålblåsten gjorde mig en aning sur.

Jag tänkte på vulkanbergen som jag hade vid sidan om mig. Lugna och fridfulla utanpå men jäsande och svavelosande inunder. Jag kände mig likadan. Ska man tolerera sånt här väder? Nu hade jag visserligen bra kläder, bra packning och bra cykel men humöret sjunker i takt med att fukten stiger upp efter byxbenen.

När regnandet gör en liten paus, smäller man upp spritköket och kokar lite kaffe, strax intill vägen. Denna gång, inte den mest gemytliga plats. Det började strax regna igen! Jag fortsatte lite varmare inombords, men lika blöt utanpå.

*"Vid Hof passerar man en mycket gammal kyrka, byggd nån gång på 1700-talet av torv. En liten stengrund och sedan torvtak som i stort sett växer ihop med marken runt omkring. Tur nog, så vänder vägen tillräckligt mycket så att jag får vinden och regnet bakifrån. Om det kan kallas tur! Det går lättare att trampa i alla fall".*

Bussen hann upp mig, när jag hade några kilometer kvar till Skaftafell. Jag stannade och viftade med armarna och frågade om detta var bussen till Reykjavik. Det regnade fortfarande. Cykeln hivades in där bak och jag stapplade in där fram, något blöt, till stor förtjusning för alla dom som satt i bussen och hade tittat

125

på ovädret inifrån. Det var synd om bussföraren som fick springa ut i regnet för att stoppa in cykeln. Bussen stod sedan i Skaftafell i 20 minuter. Jag hann köpa lite frukt, choklad mm.

Skaftafell är ett av Islands naturreservat. Det lär vara väldigt vackert. Men då skall det inte regna! Alldeles i anslutning till busstationen ligger en fin camping.

Nu hade jag 6 timmars bussresa framför mig, till **S e l f o s s**, en liten stad ca 5 mil från Reykjavik. Det var en skön omväxling att åka buss men föga njutbar. Den dåliga vägen gör varje åktur till något av ett äventyr. Bussföraren var dock van och det gick undan, trots alla gropar i grusvägen. Detta var alltså 1979! Jag somnade direkt. Vid varje litet samhälle, det var 4 stycken, stannade bussen 15 minuter, så man kunde stiga av och sträcka på benen. Jag sov nog halva tiden. Solen tittade fram och man kunde beundra den fantastiska naturen. Frampå eftermiddagen kunde man se **V e s t m a n n a e y a r**, en liten men klippig ö strax utanför sydkusten.

Klockan 18 steg jag av bussen i Selfoss. Nu började det regna igen. Naturligtvis, skulle man kunna tillägga! Vid busstationen, som egentligen bara var en Essomack, fanns en servering. I väntan på att regnet skulle avta, åt jag lite skinka och ägg med glass efteråt. Regnet var inte långvarigt, så jag cyklade in till Selfoss. Här fanns nu ingen campingplats men efter moget övervägande fann jag för gott att slå mig till ro på en äng mitt i byn. Flera stycken som jag frågade tyckte att här kunde man tälta. Alldeles intill flöt en stor älv, **H v i t á**. Det brusade härligt. Jag somnade vid elvasnåret och sov gott och väl 13 timmar! Efter att ha varit igång på cykel i 26 timmar och 6 timmar i bussen.

Jag vaknade således pigg och utvilad klockan 12. Solen stod högt på himlen, och packning och avfärd går på rutin nu. Det blev ett besök i traktens lanthandel. I de små byarna jag passerade fanns inte många affärer, en eller annan matbutik, men inte mycket mer. Jag provianterade rejält denna dag, mjölk, kex, kaffe, bröd, frukt och för en gångs skull ett par fårkotletter. Till detta en burk grönsaker. Jag såg att många konservburkar tydligen kom från Sovjet av etiketten att döma (1979). Sålunda försedd med det nödvändigaste, satte jag av norrut.

Min tanke var att cykla inåt landet mot **Geysir**, den stora vattensprutande fontänen. Landskapet här är grönt och platt. Solen gassade och det var bara så bäst. Alldeles intill Selfoss ligger en stor platt stenkloss som heter **Ingólsfjall**. Den är uppkallad efter Islands förste 'nybyggare', **Ingólfr Arnason**. Albert Engström skriver:

> Framför oss höjer sig med branta sidor direkt ur låglandet det imponerande Ingólsfjall (551 m.). Mitt på fjällryggen ligger Ingóll, den hög, där enligt sagan Ingólfr, Islands förste bebyggare, är jordsatt. Kort före sin död skall han ha låtit två av sina trälar och en tjänarinna gömma sin egendom i högen, varefter han mördade dem på de efter dem uppkallade platserna på den, Imuskarð, Kagagil och Kallbakr. Från bron går vägen snörrät fram till fjällets fot. Där följer man bergsluttningen åt väster och passerar Kögunarhóll, en kägelformig höjd, där Ingólfr skall ha satt in sitt skepp.

Den sägenomspunna vulkantoppen **Hekla** kunde man också se i fjärran. Det är en majestätisk bergstopp som mäter 1495 möh och är helt snöklädd. Hekla hade sitt senaste utbrott 1970. Nu, 1979, låg den stillsam och glittrade i solen.

En skåpbil stannade framför mig och två killar hoppade ut. De frågade vart jag var på väg och erbjöd mig att åka med ungefär en mil. Vi stoppade in cykeln där bak. Den ene pratade något danskliknande som var lätt att förstå, medan den andre tydligen bara kunde isländska.

Eftermiddagen blev varm och härlig. Vägen var dock lika dålig och helt öde, så det gick sakta framåt. Målet var Geysir och från Selfoss var det ca 75 km. Jag kom dit klockan 23.30. Att komma till en turistattraktion mitt i natten, när alla turister ligger och sover, är en välsignelse. Det var väldigt skönt i luften hela kvällen, inte mycket trafik, ingen blåst och solen gick ner i ett guldfärgat skimmer bakom bergen.

Geysir är egentligen namnet på en stor varm källa som brukade spruta upp kokande vatten högt upp i luften. Den har somnat in sedan många år men området sjuder och pyser. Det finns en annan 'fontän' som sprutar ganska friskt. Svavelångor känner man i näsan och marken är alldeles varm. Området är inte så stort men det ryker överallt i markerna. Varma källor som sprutar har fått namnet Geysir efter denna berömda på Island. Det finns alltså gejsrar lite var stans på jorden, men originalet är en numera utdöd en på Island. Den jag såg sprutade ungefär var tionde minut och kastade upp en fontän av fräsande vattenånga minst 20 meter.

Strax intill Geysir finns en annan turistattraktion, som står utmärkt på kartan, vattenfallet **Gullfoss**, som hör till de största på Island. Nu är ju inte vattenfall så mycket att se, vi har ju Flumeride på Liseberg. Men är man i närheten så tar man givetvis vägen förbi. Det var trots allt ett imponerande fall. Eftersom klockan var 2 på natten, så slapp man alla turistbussar. Jag var nästan helt ensam med fallet. Några tält stod uppslagna i närheten, annars var allt stilla och tyst (förutom fallet!). Jag stannade inte längre än att jag kokade upp lite kaffe.

Vägen slutar tvärt vid Gullfoss, så när man har beundrat fallet, får man ta sig tillbaka samma väg, ca 15 km, förbi Geysir. Hela trakten från södra kusten och upp till Gullfoss är en bred grön och ganska platt dalgång. Med tanke på att endast några procent av Islands yta är odlad jord och ängar, så är väl detta område merparten av grönskan.

Jag cyklade åt sydväst mot sjön **þingvallavatn**, Islands största sjö. Här ligger **Almannagjá** och Islands gamla allting. Här ser man en stor lång försänkning i berget, 30 meter hög och ett par kilometer lång. Här samlades representanter till tinget varje år, från alla landsändar. Här dömde man också illgärningsmän, karlarna halshöggs och kvinnorna dränktes i floden **Öxará** som rinner genom Almannagjá. Floden bildar en liten pöl i en tvär krök och denna kallades för dränkgölen. Nedanför lagberget finns en stor öppen äng. Här hade man sina tält under tingsdagarna. Det räknas som världens äldsta landsting, redan de första nybyggarna på 900-talet samlades här och man hade **þingvellir**[1] som tingsplats fram till slutet av 1700-talet.

Det fanns en fin camping i närheten och jag kunde tvätta vägdammet ur håret och snygga till mig lite. Man sover gott efter 26 timmar i vildmarken. Det regnade lite under kvällen och natten, men det betyder inget så länge man sitter inuti sitt ombonade lilla tält.

*"Det känns väldigt skönt, rent sagolikt, att ligga och vila i tältet när regnet smattrar utanpå, och man just har kommit in efter en massa strapatser. Man är fortfarande 'ute', fast man har kommit in. Det är inte lika mysigt på morgonen, när det är rått och kallt och det blåser. Om man har svårt att kliva upp hemma om mornarna, så är det än värre ute i tält".*

Nu var det bara några mil kvar till Reykjavik. Vägen blev plötsligt dubbelt så bred och asfalterad. Runt omkring större orter och städer är vägarna asfalterade och fina. Närmare storsta-

---

[1]Bokstaven þ är något som liknar engelskans th i thing

den kommer fabriker och tung trafik. Reykjavik ca 80000 inv. (1979). Tältplats Reykjavik.

Under veckan som gått, hade jag nu så sakta planerat att flyga tillbaka till Egilstaðir och sedan cykla till Seiðisfjörður och båten Smyril. Det skulle bli lagom. Nu visade det sig emellertid att planet var fullbokat, båtresenärer som på detta sätt tar sig 'tillbaka' till färjan! Buss var inte att tänka på, det behövs två hela dagsetapper för att komma runt från västra sidan till östra Island. Något dyster kunde jag alltså konstatera att det inte gick att 'komma av' Island efter en vecka. Samtidigt kände jag en stor lättnad, nu kunde jag se lite av norra Island, som jag ursprungligen hade tänkt mig. Nu stod jag återigen helt utan färdplan och idéer.

Därför gick jag in på en liten servering och åt. Det må vara tröstätande? Nu fick jag klart för mig att jag skulle starta resan norrut med den lilla färjan som går från Reykjavik till **Akranes**. Denna båtresa kortar av vägen norrut ganska avsevärt.

Akraborg heter färjan, som är en liten bilfärja. Den tar en timme på sig över viken, medan bussen tar två, runt flera långa fjordar. Vad cykeln hade tagit vågar jag inte ens tänka på. Nu kom jag till Akranes klockan 4 på lördag eftermiddag. Det var dött och stilla. På turistinformationen i Reykjavik hade jag fått en pris- och turlista över alla bussförbindelser. Jag tänkte att jag skulle kunna komma till **Isafjörður** som ligger på den allra nordvästligaste spetsen av Island. Den bussen går bara två gånger per vecka, men det skulle passa bra att ta den på tisdag och alltså genskjuta den halvvägs.

Men det skulle visa sig att denna djärva plan skulle grusas som vägen jag cyklade på! Tankade på en bensinstation, alltså vatten i mina tankar, och cyklade iväg norrut. Nu var man ute på landsbygden igen, grusväg, höga svarta berg och vacker natur. Jag tog

130

av från stora vägen, 'ettan', och hittade en fin plats för övernatt-ning nära en liten fors och en lång sjö, **Skorradalsvatn.**

*"Här på Island har jag hittat en väldigt god fruktsoppa, eller kompott. Istäl-let för den traditionella soppan har jag nu vid flera tillfällen kokat ihop den-na fruktkräm, blandad frukt eller Blandaðir Ávextir, som vi säger här på Island. Den är alldeles förträfflig".*

Efter en enkel toalett i forsen, fortsatte jag norrut. I närheten ha-de jag nu **Reykholt**, vilket är trakten där Snorre Sturlason, han med Eddan, lär ha bott. I närheten är kanske synd att kalla det, jag hade att göra i över 4 timmar innan jag kom dit. Hela trakten är full av rykande källor [ reyk = rök ]. Det pyser och puttrar överallt, och det luktar svavel. Värmeförsörjningen är inget pro-blem. Man borrar bara ett hål, tillräckligt djupt, så har man varmvatten till elementen (min egen tolkning!).

Själva Reykholt var inte mycket att se. Det lär finnas nån un-derjordisk gång som Snorre själv skall ha anvant, annars står där bara ett stort hotell. Min räddning blev en liten affär där jag kun-de bunkra det nödvändigaste. Utan denna hade mina förnöden-heter sinat utan chans att förnya lagret. Det var söndag och flera mil till närmaste samhälle, **Borgarnes.** Kilometrarna som jag nu trampade tycktes mig väldigt långa.

Jag kom ut på stora vägen igen, 'ettan', men det blev inte så mycket bättre ändå, något bredare men lika grusigt. Det var måttligt med trafik. Plötsligt fann jag ett matställe. Det verkade vara nån slags stugby. Runt omkring låg massor av små stugor. En liten skylt visade för mig helt obegripliga 4 bokstäver. Det var stort, snyggt och dyrt. Dagens rätt var precis färdig, champinjon-soppa, lammstek, potatis, grönsaker och sås. Utspisning à la

131

bamba (för den som inte gick i skolan på 1950-talet, bamba = skolmatsalen). Det var mycket mat och smakade väldigt bra. Jag fick dessutom tillgång till ren och rejäl toalett och tvättställ, och kunde således snygga till mig en aning. Här ute i bushen ser man ut som en vilde ibland. Jag undrar vad dom tänkte när jag stegade in på detta fina ställe. Det var inte så många där. Middagstimmen hade just börjat. Några tittade lite misstänksamt, andra stannar upp och pratar, ofta mäkta imponerade av cykeln och det djärva äventyret att ge sig ut i vildmarken. Efter lunch passerade jag ett väldigt område av sten och mossa, ett slags hedmark eller lavafält som på isländska kallas **h r a u n**. Vägen gick rakt igenom, underliga stenformationer, klädda med gul-grå mossa. Albert Engström skriver:

**Säg mig ett skrovligare ord än h r a u n !**

Men överallt växer små fina blommor och jag stannade ofta för att fotografera. Innan jag åkte hemifrån, tyckte jag nog att jag förköpt mig på film, men det förslår inte långt när man kommer ut i vildmarken.

Nu kan man ta flera tusen bilder på ett litet micro-SD kort, och dessutom se resultatet med en gång. Ack! Förr fick man vänta flera veckor efter hemkomsten, för att se om det över huvud taget blev någon bild av den där lilla fina röda blomman. Å då e de så dags! *(Förf. anm.)*

Vägen gick nu upp i bergen genom en flodravin. Det blev till att streta igen. Jag stannade för lite kvällskaffe, med forsen som vy framför mig. Det kom några regndroppar, och temperaturen var som vanligt i lägsta laget, max 12 – 13 grader på dagen, 7 – 8 på kvällen och +4 nattetid! Jag såg fram emot en kylig natt.

Nu såg jag framför mig, när jag kommit över detta berg som inte var så stort, kunde jag nå **Stykkishólmur** och därifrån ta den lilla färjan Baldur norröver under måndagen, genskjuta bussen på tisdagen och komma till Isafjörður tisdag kväll. Flyg därifrån till Akureyri på onsdag eller torsdag. Buss sista biten tillbaka till Seyðisfjörður under lördagen. Det var denna geniala idé som höll mig igång hela natten.

På höger sida hade jag nu en väldigt stor och spetsig bergstopp, som heter **Tröllakirkja**. Här och var låg stora snömassor och forsen gjorde stora språng emellanåt. Det kom små regndroppar då och då, men inget allvarligt. Uppe mot krönet kunde man se himlen och molnen i nordväst alldeles rödfärgade och då var det ändå midnatt. Vägen gick sedan utför i stora svängar. En jeep kom uppför i den sena timmen och stannade bredvid mig. Det var några islänningar och några danskar. Jag sa att jag var svensk, och nämnde båten Baldur och man trodde att den gick vid 12-tiden. Detta betydde att jag nog skulle hinna dit. Man önskade mig lycka till och körde iväg. Jag satte av i god fart nerför. Vägen var inte alltför dålig. Mitt i backen small det till ordentligt. Jag stannade så fort jag kunde. En central skruv hade gått av. Skruven som håller fast frambromsen, främre pakethållaren samt skärmen. Det var nu jag skulle ha utropat Andskotans helviti om jag hade kunna svära på isländska. Så här skriver Albert Engström:

**Isländarna svära lika mycket som svenskar, om möjligt. Riktigt trevliga fornnordiska eder, sådana som jag inbillar mig att de gamla bärsärkarna använde, när de ville liva upp sig till extas. Andskotans helviti - Andskoti är det ondas personifikation. Lite språkkunskap skadar aldrig läsaren, om han som jag hoppas efter läsandet av denna boken beslutar sig för att resa till Island.**

Jag blev något skärrad, men började strax rota i min reservdelspåse, fick fram en mutter som passade. Genom att låta pakethållaren hänga lös, räckte skruven till precis och allt var frid och fröjd för ögonblicket. Full fart igen, utför.

När jag kommit ner från de mesta av höjderna var det fortfarande höga berg runt omkring och klockan var vidpass 3. Jag stannade i skydd av en kulle och satte igång spritköket. Med hjälp av det stora plastskynket, inköpt i Lichtenstein, gjorde jag ett litet skydd under cykeln och somnade. Det var vad som behövdes, ca en och en halv timmes sömn. Det var lite knaggligt och obekvämt, men är man trött, så är man. Vädret var hyfsat.

Lite senare kom jag ut på mera öppen mark och det började blåsa ordentligt. Om jag nu valde vägen till Stykkishólmur skulle jag få medvind. Det gick undan rätt bra första milen. Blåsten var hård! Vägen blev stundtals betydligt sämre men det gick bra att cykla. Sträckan från vägskälet till Stykkishólmur var ungefär 75 km. Jag visste ju inte när båten gick, så det var bara att trampa på. Jag siktade på att komma fram vid 12-tiden. Om vinden höll i sig och vägen inte blev för dålig.

Vinden höll i sig. Dessutom började det regna lite smått. Vägen blev också sämre. Jag hade tillryggalagt gott och väl 45 km när regnet började på allvar. Bakom mig såg jag tjocka mörkgrå moln komma efter mig, lite för snabbt i den hårda blåsten. Regnet tilltog. Island är inte sådant att man kan söka regnskydd när det börjar regna. Här fanns absolut ingenting! En knagglig grusväg, högt berg på ena sidan, hedmark och småbuskar på den andra. Plötsligt svänger vägen runt berget och jag får vinden och regnet emot mig. Jag måste erkänna att jag blev arg. Man nedkallar alla djävlar som finns och förbannar den f-n som uppfann cykeln.

Jag kunde ju ha skrikit: **Andskotans helviti**, men det uttrycket kände jag inte till då. Inte för att detta hjälper så mycket, men man skall ju göra nåt! Vägen passerade en bred flod. Jag dök ner under bron. Det var en liten smal bro, som överallt på Island, utan större skydd. Eftersom vinden var hård, fick man ett visst vindskydd vid sidan av bron. Vattendropparna nådde inte heller dit. Det var en meter sandremsa under bron och där ställde jag cykeln och mig själv. Här stod jag nu i två timmar, åt ett äpple, några kex och lite choklad. Jag satte mig på sovsäcksrullen och lutade mig mot betongväggen och slumrade några korta ögonblick. Emellanåt hoppade jag upp och ned och 'sprang' de 3 meter som stod till förfogande. Runt omkring tjöt vinden och regnet smattrade. Förutom bron fanns ingenting, total ödemark. Till Stykkishólmur var det ännu 25 km och runt omkring höjde sig bara svarta lavaberg. På de två timmar jag stod under bron, passerade bara 3 bilar.

Nåja, efter dessa två timmar började regnet avta såpass att jag vågade mig 'ut' ur gömstället. Blåsten höll i sig men regnet slutade och därför fortsatte jag tappert vidare. Det var fortfarande medvind, men så svängde vägen runt igen, runt en lång vik av havet, dryga 10 kilometer. Vägen blev sämre och backigare.

*"Det är tröstlöst att kunna se denna grusväg en mil framför sig. En bil som passerade mig för en halvtimme sedan, kunde man se som en liten fläck på andra sidan viken!"*

När jag var 2 km från Stykkishólmur och kunde se staden framför mig, satte regnet igång igen, nu framifrån. Jag lade in en extra växel och kom fram till ett regnskydd under ett utskjutande tak vid en affär, ganska så blöt.

Klockan hade hunnit bli halv tre. Nu kunde jag konstatera att nån båt var det inte tal om och blöt var jag och kallt var det. Eller som det heter: regna var det och kallt gjorde det. Jag var inne på banken för att växla lite pengar. Speceriaffären besökte jag också.

Sedan frågade jag var man kunde äta eller dricka kaffe. Man såg ingen tillstymmelse till café eller bar av något slag. De isländska småstäderna är väldigt ödsliga. Och regnar det så blir saken definitivt inte bättre. Hotellet skulle man gå till. Jag gick dit. Det var tomt, men jag blev mottagen av en trevlig tjej som hette Magnea. Hon talade bra svenska och jag passade på att fråga lite om trakten och båten Baldur. Den hade gått klockan nio på morgonen och gick bara varannan dag! Där rök den möjligheten.

*"Jag drack te och åt en varm smörgås, med ost och skinka. Här satt jag nu i värmen och blickade ut över en dyster grå ödslighet. Jag frågade Magnea vad man gör på ett sånt här ställe när det inte finns någonting. "Ingenting", blev svaret. Det visades i alla fall film två gånger per vecka. Alltid något".*

När jag nu studerade min busstidtabell, så var det bästa jag kunde göra att ta bussen tillbaka till Reykjavik! Den gick nämligen klockan 18. Det var den enda förbindelsen ut ur stan, förutom Baldur, men då hade jag fått vänta i två dagar. Bussen kom och det var mycket folk som skulle med, en kombinerad post- och persontransport. När föraren fick se min cykel, stönade han märkbart, men inte med nån ovilja. Han klämde in cykeln mellan en massa annat bagage och så bar det iväg.

På ett ställe skulle vi byta buss och slås ihop med en annan anslutning väster ifrån. Men nu var det för många passagerare och min cykel, så bägge bussarna fortsatte vidare. Närmare Reykjavik lastade man om, några hade gått av på vägen och min cykel åkte upp på taket. Det var ett väldigt jobb. Bägge bussarna stod bredvid varandra i ett vägskäl. Så fortsatte färden in till Reykjavik, dit vi kom vid 23-tiden. Denna resa på 5 timmar kostade 5300.- isk, ca 65.- skr. Cykeln tog han inget extra för, trots allt slit. Jag cyklade tillbaka till campingplatsen och somnade strax. På vägen in mot Reykjavik hade det regnat rejält och tjocka moln

**136**

hängde över landskapet. Närmare staden lättade molntäcket och när jag slog upp tältet var det ganska bra väder, islandsmässigt alltså! På morgonen lyste visserligen solen. Det kunde bli en bra dag. Men det blåste stormvindar. Att snyggt och effektivt vika ihop ett tält i full storm är lite småjobbigt. Det var slitsamt.

Jag åt en rejäl och god lunch på en liten servering. Utanför träffade jag en engelsman som kom på cykel. Han var glad att se en cyklist och undrade hur vägarna var. Han hade nyss anlänt med flyg. Jag hann dock inte prata med honom någon längre tid, för jag hade vid detta laget köpt flygbiljett till **Akureyri**, på Islands norra sida.

Efter maten cyklade jag ut till flygplatsen och checkade in mig och cykeln. Flygningen tar ca. 1 timme. Planet var ett litet tvåmotorigt plan, med plats för ett 50-tal passagerare. Det var mulet, så utsikten från planet var det inte mycket med. Klockan 15 landade vi i Akureyri. Där blåste det lika mycket, mulet men inget regn.

Denna stad är Islands näst största med 11000 innevånare (1979). Jag hittade en campingplats. Eftersom jag var framme tidigt för en gångs skull, tvättade jag lite kläder, som jag hängde upp på ett snöre mellan tältet och cykeln.

De isländska campingplatserna är i allmänhet små och enkla, men alltid rena och snygga, oftast med både kallt och varmt vatten. Jag gick in till staden och vandrade runt. Det var ganska tomt efter klockan 18 när affärerna stänger. Jag klev in på ett litet café och drack lite värmande kaffe och studerade samtidigt folklivet, det lilla som fanns. Det var flera tyskar här inne och det kom några isländska familjer som åt sin kvällsmåltid. I Akureyri startades väldigt tidigt en slags konsumliknande korporation som heter KEA. Staden är berömd för detta KEA. Man har varit något utav banbrytare. Nästan vart man vänder sig, så är det

KEA. Nedanför kyrkan ligger Hotell Kea och mittemot ligger varuhuset Kea. Ett antal speceriaffärer som heter Kea, såg jag också.

Onsdag, juli 18. Det blåste inte så mycket och det var nästan så att solen tittade fram. Man kunde nu se mer av dalen och bergen runt omkring, med snöklädda toppar på 700 meter. Akureyri ligger längst in i en fjord som heter **Eyjafjörður**. Från Akureyri är det fågelvägen knappt 10 mil till polcirkeln. Precis på polcirkeln norr om staden ligger en liten ö som heter **Grimsey**. Jag tänkte flyga dit men det går bara två turer i veckan så det fick vara. Nu cyklade jag istället mot **Mývatn**, ca 10 mil. Det blev genast en lång promenad, då vägen slingrade sig upp över en ås, 300 meter hög. Vägen var fortfarande inte den bästa. Eftersom jag gick runt och handlade och tittade på Akureyri hela morgonen, så kom jag iväg först vid 2-tiden. Under dagen hann jag med 40 km, och stannade för natten vid 9-tiden på kvällen i närheten av en liten sjö. Jag hittade en liten gräsplätt i skydd för vinden, inte allt för långt från vägen. Man blir inte direkt störd av trafiken. Nätt och jämt hade jag fått upp tältet och flyttat in mina grejor, så började det regna. Jag kunde krypa in i lugn och ro och stänga om mig.

På morgonen regnade det också, så jag satt kvar i tältet ett tag, åt fruktsoppa, skrev lite och tog det lugnt. Efter en timme höll det upp och jag cyklade vidare. Det var nu ungefär 35 km till en camping vid sjön Mývatn och dagen borde räcka till, tyckte jag. Det gjorde den, men det började blåsa. Jag passerade ett stort vattenfall och ett litet café med kiosk. Här stannade jag och köpte bröd och frukt, drack en kopp kaffe. Ett av de högsta vattenfallen heter **Skógafoss**, med en fallhöjd på 65 meter. Det ligger på sydkusten och jag såg det från bussfönstret.

**138**

Efter oasen vid vattenfallet hade jag en mödosam uppförsbacke i hård motvind. Dels är det svårt att leda en tung cykel på en grusväg, dels var lutningen bitvis ganska kraftig, 10 % och mer, samt den hårda blåsten. Backen var till råga på allt flera kilometer lång. Det norra landskapet är fårat av långa åsryggar som sedan bildar breda fjordar ut mot havet. Det var en kylig grönlandsvind som kom från NV.

Island har ett säreget läge på jorden och klimatet skiftar väldigt. Man har ett talesätt som lyder: 'om du inte gillar vädret, så vänta några minuter'. Island ligger ju mitt på kontinentalsockeln och spricker bokstavligt talat isär. Jag kom fram till Mývatn på eftermiddagen. Detta är ett stort område där det pyser och 'osar svavel' lite varstans. Området runt Mývatn är ett naturreservat. Det finns / fanns två campingplatser runt sjön. På kvällen träffade jag en dansk. Vi gick en liten promenad längs sjön. Landskapet är säreget, men i den tjocka molnigheten såg man inte mycket. Vi pratade om lite av varje. Han var lärare i geografi och biologi. För honom var detta en studieresa. Han hade haft två kompisar med, men de hade 'gett upp'. På kvällen började det regna. Vi satt ett tag på ett café. När man beställde en kaffe, så ställde servitrisen en full termos på bordet. Hela natten regnade det sedan ganska rejält. Blåsten som var stark under dagen, avtog något, men det slet och krängde i tältduken natten igenom.

Om vädret varit bra hade jag tänkt starta tidigt och cykla runt sjön till den andra campingen och riktigt studera alla märkvärdiga ting. Det är 13 km från **Skutastaðir** till **Reykjahlið** på norra änden. Jag såg faktiskt fram emot en händelserik dag, och nog blev den händelserik. Men inte som jag hade tänkt mig! När jag vaknade regnade det och blåsten hade ökat. Jag räknade med

139

att regnet skulle lätta snart, så jag kröp ihop i sovsäcken och njöt av smattrandet på tältduken. Efter en timme regnade det fortfarande! Jag tittade ut och det var jämngrått över hela himlen. Jag hade ju hela dagen på mig och bara en kortare sträcka att cykla. Campingplatsen i Skutastaðir ligger intill en skola och här inne fanns ordentliga toaletter och kök. Jag gjorde mig i ordning, åt lite och packade ihop mina saker. Det regnade fortfarande, klockan var 12. Regnet minskade och det duggade lite när jag packade ihop tältet. Jag kom iväg halv två! Det var uppehåll men himlen var mörkt grå och molnen flög lågt.

Natursceneriet och lavaformationerna kring Mývatn är väldigt underliga. När man studerar en uppställning över den procentuella fördelningen av isländsk mark, finner man följande (1979): kultiverad jord 1%, annan ängsmark 2%. Så följer diverse sand, hedmark, glaciärer mm. Sist står det, Other wasteland 50%. Dvs. halva Islands yta är 'annan odefinierad ödemark'! Det säger en del om det som jag cyklat igenom. 1979 skrev jag:

*"Vatnajökull, som är världens största glaciär, innehåller lika mycket is som Skandinaviens och Alpernas fjäll tillsammans"*. Detta håller väl på att förändras nu, kantänka.

Vid Mývatn kom jag fram till **Dimmuborgir**. Detta är ett område med väldiga bergsformationer, lavaberg stelnade i groteska former. Jag promenerade runt en stund och tog en kopp varmt kaffe. Det blåste snålt. Sceneriet var inte så vackert som det kunde ha varit om solen hade samarbetat. Horisonten runt var täckt av det tjockaste gråa regndis.

Längre upp mot norra änden av sjön finns ett ställe som heter **G r o t t a g j á.** Detta område pyser av svavelångor. Hela marken tycks sjuda. Det ryker under var och varannan sten. Det ser makabert ut. Där finns också en rämna i berget där det

140

bildats ett par stora grottor. Här nere ångade det och botten var vattenfylld. På skyltar stod det att vattnet var 60 grader! Det var behagligt varmt när man stack in huvudet i grottan. På skylten stod också att man gick ner i grottan på egen risk, för jordskalv kunde slunga loss stenar. Då och då rämnar marken och eld och sten sprutar i markerna. Jag såg ett vykort med en massa eld utefter marken, ungefär som en gräsbrand. Där stod det: Mývatnseldar 1977.

På tal om eld, så var jag inne i en liten lanthandel utefter vägen, för att köpa tändstickor. Dessa heter på isländska **Eldsputir**, ganska logiskt. Sovjetiska tändstickor till råga på allt. Jag hade tidigare sett många typer av sovjetiska konserver på hyllorna i de små affärerna. Det började regna. Jag kom till campingen vid sjutiden och slog upp det redan blöta tältet och drog mig stillsamt tillbaka, tankfullt begrundande dagens regn jämfört med tidigare dagars!

Även om byxor, skor, jacka, mössa och tält var ganska genomdränkta, så torkade det så sakta under natten. Tidningspapper i skorna, som var torra på morgonen. Det var uppehåll och jag packade raskt. Planen var att hinna med en buss till Seyðisfjörður, avgång klockan 10.20 från hotellet. Klockan 10.30 gick det ingen buss, men framåt klockan två gick en överlastad buss iväg. Det är den ordinarie turen från Akureyri mot Egilstadir, som på lördagarna kör ner lagom till färjan Smyril som brukar gå klockan 18. Eftersom det var väldigt mycket folk redan i Akureyri, så trasslade det till sig här i Reykjahlið, där ännu fler skulle med och min cykel.

Men det är underligt, trots att det är tjockt med folk, alla har stora ryggsäckar, bussen är överfull, men ändå så finns viljan där, cykeln är inte konstigare än en väska. När den större bussen kom vid två-tiden, hissades cykeln upp på taket tillsammans med en hel del ryggsäckar. Det var ett trettiotal människor som stod och väntade i tre timmar utanför hotellet i Reykjahlið. Under tiden kom flera busslaster med äldre amerikanska turister. De hade anlänt med nån kryssare till Akureyri. Man åt lunch här på hotellet och for väl sedan runt till de olika sevärdheterna.

Det underliga var att när vi lämnade Mývatn i bussen, så bröt molntäcket upp helt och hållet. Solen tittade fram och det blev varmt. Sedan satt vi och skakade, några stod, i 4 timmar utefter en öde väg till Egilsstadir. Den ökenartade ödemarken bredde ut sig och man kunde se den smala grusvägen som ett rakt streck bort mot horisonten.

Vi kom lyckligt och väl fram till Seyðisfjörður klockan 18. Båten hade ännu inte kommit. Det var en egendomlig känsla som grep mig i det ögonblick jag fick se den lilla båten stäva upp för fjorden. På samma gång en enorm befrielse, skulle man äntligen 'komma av' ön, efter en till synes oändlig (14 dagar) tid ute i ödemarken. Samtidigt en viss saknad, det är så fantastiskt att sakta färdas omkring i detta landskap, och så mycket man inte hunnit se: som Isafjörður uppe i nordväst, Vestmannaeyar, Mývatn i solsken och mycket annat. Jag träffade en norrman som hade varit en vecka på Island och som ställt in sin cykel i tullhuset direkt vid ankomsten! Jag hade ju nästan samma tanke när jag fick se grusvägen två veckor tidigare.

Söndag till havs, anlände Torshavn, Färöarna, på eftermiddagen. Jag gick in på en bensinstation för att få lite vatten. Därinne satt man framför tvn och tittade på Björn Borg. Tillbringade kvällen vid havet, beskådande de andra öarna i närheten. Måndag till havs, betydligt lugnare än utresan. På eftermiddagen lade båten till i nordligaste Skottland, ett litet färjeläge som heter Scrabster.

## Cykelturen 1979

### Skottland

Det var en härlig känsla att stiga iland på brittisk mark. Hela atmosfären var annorlunda på något sätt. Den personliga vänligheten riktigt hänger i luften. Det första jag gjorde på skotsk mark, var att köpa en biljett till Orkney. Det går en bilfärja från Scrabster till Stromness och överfarten tar 2 timmar. Båten skulle gå på eftermiddagen klockan 17.45. Jag passade på att cykla in till staden Thurso några kilometer därifrån.

Thurso var en liten trevlig stad. Alla hus 'gick i grått', lite monotont. Det var en stor skillnad och omställning att vara bland dessa skotska människor, efter alla 'nordbor'. Och att få tala engelska. För att inte tala om vänstertrafiken. Överallt var det en vänlighet som man bara inte möter i Sverige. Tanten i kemikalieaffären, mannen på postkontoret, tullaren vid ankomsten, flickan i bokhandeln m.fl.

När jag till slut satte mig i parken framför kyrkan och åt ett äpple, råkade jag av en händelse få syn på kyrkklockan som visade 17.20! Min klocka var bara 16.20 och då kom jag på att det var dags att flytta fram klockan 1 timme. Det blev plötsligt kris, för båten, som jag kunde se långt där nere vid kajen, skulle ju gå 17.45. Enligt min tidsplan hade jag gott om tid, men nu blev det bråttom. Jag kom lagom till färjans avgång.

Det rullade en hel del. På färjan fanns dels en bar och en självservering. Jag köpte te och en varm paj, de där engelska med kött. Det smakade bra, och jag funderade lite på varför te plötsligt smakar så mycket bättre när man kommer till Great Britain.

Stromness är en liten stad på västra sidan av huvudön. När jag klev av färjan träffade jag en engelsk cyklist. Han skulle ta in på vandrarhemmet. Jag sökte upp campingplatsen. Vädret var lite tjockt och blåsigt, men ganska skönt ändå. Det föll några droppar regn innan jag somnade.

På tisdagen gjorde jag en cykelrundtur. Jag lät tältet stå och tog bara med mig den ena väskan, med bröd, termos, frukt och kameran. Vädret var hyfsat. Från Stromness till 'huvudstaden' Kirkwall på andra sidan ön, är det 20 km.

*"Landskapet är platt, med låga jämna sluttningar. Får och kor finns det gott om. Fåren är av en annan ras än den jag sett på Island de senaste veckorna".*

Jag stannade i en backe och tog en kort kaffepaus, annars cyklade jag direkt till Kirkwall. Här kunde man nu gå omkring på den enda lilla affärsgatan. Det var livligt och trångt och gott om affärer. Mitt i stan står en imponerande kyrka, helt i rött. I en speceriaffär köpte jag några matvaror. Denna gång köpte jag även en liten burk skotsk citronmarmelad och en bit gurka, cucumber, att ha som pålägg. Gurkidén fick jag i bussen till Seyðisfjörður på Island. Jag satt bredvid två engelsmän som i den tjocka trängseln ordnade

**144**

sin lunch i form av sandwich med bl.a. gurka. Dessa två åkte buss runt Island, vilket måste vara ett smärtsamt sätt att se Island på.

Jag hade inte mer än kommit ut på gatan förrän jag tappade marmeladburken, som naturligtvis gick, om inte i tusen, så åtminstone ganska många bitar. Efter ett par timmar fortsatte jag runt ön, tillbaka till Stromness. Utefter vägen stötte jag på en servering/souvenirshop. Det var en gammal ombyggd vattenkvarn. Jag åt en sandwich och drack te. Varm dryck behövdes, för jag hade hård och kall motvind. Så kom jag till en av många förhistoriska lämningar som det finns gott om på Orkney. En stor ring med upprättstående flata stenar. Detta lär vara någon form av religiösa symboler från 2500 – 3000 f.Kr. Det finns mycket sånt över hela Storbritannien, varav Stonehenge väl är den mest berömda. Här på Orkney var det inte direkt några turistköer för att titta på gamla stenar, men vid Stonehenge var det mycket folk när jag var där flera år senare. Jag har aldrig förstått vitsen med att ställa upp 'morbror Ernst' framför en stor sten, eller hela familjen vid sidan av ett monument. Numera är det tydligen selfies som gäller, dvs. ett stort ansikte med någon berömd staty i bakgrunden. Jag brukar försöka hitta andra vinklar, som t.ex. fotografera vattenfallet Gullfoss på Island mitt i natten. Det finns en hel del 'selfies' i mina fotoalbum, men det var ju långt innan någon visste vad selfies var!

Det var bra väder hela dagen men blåsigt. På kvällen gjorde jag en liten promenad genom Stromness. Där finns många affärer av alla slag, bibliotek, museum, ett par små hotell och några pubar. Det mesta ligger kring en lång huvudgata, Victoria Street. Gatan var stenlagd med stora flata stenar, smal och krokig. Trafiken var ändå livlig och på dagen var det trångt. Kvällen blev som omväxling lugn och rofylld, lite duggregn betyder inte så mycket längre. Nästa dag hade jag tänkt att ta färjan tillbaka till fastlandet och använda förmiddagen till att cykla norrut och se utgrävningar efter en förhistorisk by vid Scara Bray. Dock var vädret inte med mig, mulet och duggregn. Jag gick runt i Stromness istället och tittade in på museet. Orkneybefolkningen spelade tydligen en ganska stor roll i Hudson Bay Company på 1700-talet. James Cook ankrade utanför Stromness 1780 på någon av upptäcktsresorna. På museet kunde man se hans dagböcker eller resebeskrivningar, där han beskrev ankomsten till Orkney. Vidare kunde man se modeller av gamla ångfartyg från handelstrafiken vid sekelskiftet (1900). Här fann jag nu en uppstoppad liten lunnefågel, eng. Puffin. Dessa små lustiga fåglar missade jag på Island. Men en uppstoppad lunnefågel är dock bättre än ingen lunnefågel alls.

I en liten affär hittade jag ett par fina fingervantar av äkta Shetlandsull. De jag hade med mig hade sakta fallit sönder efter strapatserna på Island. På biblioteket frågade jag om det fanns litteratur och ritningar på gamla ångfartyg. Bibliotekarien visade mig några böcker, men rådde mig att skriva till författaren till en av böckerna, en orkneybo som är lärare på en av de mindre öarna norröver. Han gav mig adressen. Jag blev smått överväldigad, och skrev senare ett brev. Vi brevväxlade en tid, men jag fick aldrig tillfälle att träffa honom.

Lunch intogs på Royal Hotel. Det var inte så pampigt som det låter. En liten matsal där man kunde få 'egg and bacon' med lite te, för 10 skr. Senare på eftermiddagen blev det färjan igen, tillbaka till Scrabster på fastlandet. Jag cyklade nu västerut några timmar på kvällen. Det märktes en klar skillnad på kvällsmörkret mot Island. Vägen var backig, med korta branta backar upp och ner. Tjocka svarta moln fanns runt omkring mig. Det var inte frågan 'om' utan 'när' det skulle börja regna! Jag hade lite medvind så det gick lätt att trampa. Av någon anledning slapp jag

146

regn helt och hållet och kom fram till Bettyhill vid 10-tiden, en liten campingplats som var helt obemannad.

Även nästa morgon, fanns där ingen som hade 'hand-um-et'. Det blev en gratiscamping, vilket jag fann relativt sympatiskt. I Bettyhill fanns en liten lanthandel, tillika postkontor och bensinstation. Här köpte jag åter lite frukt och bröd. När jag anlände hade brödbilen inte kommit än.

—Den kommer vid 12-tiden, sa den äldre damen. Affären sköttes av fyra äldre damer. Eftersom jag startat relativt sent, som vanligt, behövde jag bara vänta en timme på det färska brödet. Under tiden passade jag på att beskåda den vackra utsikten och skriva lite på denna berättelse. Medan jag stod i affären och funderade på vad jag skulle köpa, fick jag hjälpa en av damerna med att fylla en hylla med en massa påsar.

— You can do that while you are thinking, sa hon med ett leende. Jag passade på att skriva ett vykort från denna avlägsna del av Great Britain. Det kan inte vara så långt härifrån till världens ände!

Vägen gick nu söderut, inåt landet utefter en floddal. Det gick sakta uppför, men utan regn. Efter en stund kommer man till en lång sjö, Loch Navern. Här stannade jag och tog en kaffepaus. Vägen var jämn och fin men smal, bara en körbana. När jag hade spisat färdigt, kom det några regndroppar. Det kom inte mycket regn, så jag fortsatte. Vid slutet av sjön såg jag en cyklist stå och titta på kartan och se fundersam ut. Vi utbytte några ord på engelska, men det visade sig att han var schweizare, så vi övergick till franska. Ett utmärkt tillfälle att öva lite på detta vackra språk. Han hade ingen bestämd uppfattning om vilket håll han skulle ta vid detta vägskäl, så vi fortsatte åt samma håll, nämligen SSV.

På den smala vägen körde vi mestadels bredvid varandra och

pratade om det ena och det andra. Det var inte mycket trafik. Vägen gick upp över vida skotska hedar klädda med ljung. Mycket vackert. Det började också regna. Det var inte lika vackert. Dessbättre inte mer än att man blev fuktig. Sträckan över höjderna var bara 25 km och sedan kom vi ner i en dalgång och fram till en liten by som heter Lairg. Vi stannade utanför en pub och steg in. Det var fullt av folk, som det brukar vara, med pilkastning osv. Vi åt en sandwich med Guinness till, det mörka irländska ölet.

Efter detta blev det dags att söka upp nattkvarter. Vi slog upp våra tält strax utanför byn, i en liten gräsbacke intill floden. Det var lugnt och skönt. Denne schweizare hade två månader på sig och hade cyklat runt hela Irland och västra Skottland.

Det regnade naturligtvis lite under natten och morgonen, men det var inte värre än att tältet var torrt när vi packade ihop våra pinaler. Jag bjöd på kaffe.

Vi cyklade ner utefter floddalen och kom så ut till en vik av havet, Nordsjön, vid Bonar Bridge. Här satte vi oss på en bar och åt glass. Vägen gick nu brant uppför på andra sidan. 5 kilometer uppför, med en fantastisk utsikt över havsviken, tills molnen slöt in oss i en tät dimma.

Så fick min färdkamrat punktering, mitt inne i en liten by. Klockan var ungefär 7. En timmes uppehåll blev det men allt gick bra. Bredvid låg en liten restaurang och vi tänkte avsluta cykelreparationerna med att äta lite Haggis, den skotska specialiteten. Men när vi var klara, lagades ingen mat. Klockan var 20.00. Man får verkligen se till att bli hungrig i rätt tid, ungefär som på många ställen i Frankrike. Jag brukar försöka slinka in här och var, för att få en kopp te och nån god kaka eller sandwich, men man får verkligen passa tiderna!

Vi hamnade i en liten by som heter Beauly. Åter igen ett

pubbesök. Denna gången blev det ett glas cointreau. Samma höga stämning som tidigare pubbesök. Det visade sig vara fest i byn denna veckan, så det kanske var extra mycket ståhej. Alla var glada och 'salongsberusade'. Några frågade vart vi var på väg. När vi nämnde en campingplats i närheten var det två stycken som erbjöd sig att skjutsa oss dit, med cyklar och allt. Klockan var 11 på kvällen. Dom hade givetvis också druckit en del. Dessa två, en lite yngre och en äldre, hade en skåpbil. Vi lastades in, först cyklarna och sedan vi efter. Så bar det av, inte mer än några kilometer. Vi kom ända in på gårdsplanen. Det var mörkt och tyst, men när det skramlade av och bildörrar, så kom frun ut och man förklarade:

— Vi hittade två cyklister borta i byn ...

Dom önskade oss lycka till och vi tackade för hjälpen. När vi ordnade med betalningen, sa frun att: "dom där har bestämt druckit en smula trots allt". Och förvisso, det hade dom. Upp med tälten och jag somnade direkt.

På morgonen regnade det. Lite senare, så regnade det. Jag drack lite kaffe, och det regnade fortfarande! Vi kom iväg rätt så sent och hamnade så småningom vid Loch Ness. I stället för en överfull camping, så hittade vi en glänta i skogen strax bredvid.

Vi besökte den gamla slottsruinen, Urquhart Castle, som ligger precis vid sjökanten. Jag kan mycket väl tänka mig att folk i alla tider har sett ett sjöodjur här, fullmåne och de svarta bergen på andra sidan sjön och så en krusning på vattenytan ....

Här skildes våra vägar. Han trampade söder ut efter sjön och jag tog den norra vägen åt nordost. På en parkeringsplats vid norra änden av Loch Ness stod några stora bilar, tillhörande The Royal Navy, med dykutrustning och allt! Var detta möjligen monsterspaning?

Jag råkade in i små men intensiva regnskurar. När vi tittade på slottsruinen tidigare på dagen, regnade det en hel del. Nu började det regna på allvar. Luften blev helt tjockt regngrå. Jag blev vad man brukar kalla genomblöt. Det fanns inget skydd utefter vägen. Långt om länge hittade jag i alla fall något som såg ut som ett regnskydd, kanske en bussväntkur. Jag dök in där med cykeln ochav med rocken. Den hängde jag upp till tork på styret. Det var ganska trångt, kanske två kvadratmeter. Nu gällde det att göra det så hemtrevligt som möjligt, eftersom det såg ut som om jag skulle bli kvar här ett tag.

På med spritköket, fram med bröd, kaffe med tillbehör. Medan det så smattrade utanför, satt jag 'inomhus' och hade det skönt (!?). Busshållplatser har jag haft stor glädje av i både Tyskland och Frankrike. Man får inte vara främmande för nånting.

När man lever utomhus dygnet runt och i bästa fall övernattar på en camping och äter ute, så är man tacksam för den sociala service som erbjuds. I Skottland är det väl sörjt för allmänna bekvämlighetsinrättningar. Små enkla toaletter, både i byar och städer, samt lite varstans ute på landet. Detta är förträffligt, när man endast har tillgång till en cykel. Men även här får man se till att hålla sig inom givna tidsramar. Dessa inrättningar stängs som regel klockan 19.30! Därefter är det otillåtet att bli 'nödig'. Och på söndagar är det stängt, som så mycket annat.

Då jag suttit ett tag och ätit smörgåsar och äpplekaka med kaffe, så slutade det så småningom att regna. Solen kom fram. Jag cyklade in till Inverness för att hitta en campingplats. Där var det fullt. Där satt en äldre, allvarlig dam och sade kallt att det är fullt. Jag bestämde mig då för att hitta en Bed & Breakfast. Då beger man sig lämpligen ut en bit från centrum. Jag lyckades punktera bakhjulet och sedan hittade jag en sån där typisk engelsk lång gata med exakt lika dana hus, och ganska snart en skylt

150

med B&B. Dörren öppnades av en man och när jag frågade efter ett rum, gick han ut i köket och jag hörde hur han sa:

— It's a chap out there who wants a room.

Så kom frun ut. Hon var mycket vänlig och visade mig ett fint rum. Jag fick ställa in cykeln i ett redskapsskjul. Det blev tvättning och rakning och natti-natti.Det hade nu gått ett antal dagar sedan jag rakade mig senast, och jag såg väl ut som den barbar jag egentligen är. Jag sov gott hela natten. Det var en aning ovant med riktig säng, men man vänjer sig även vid sånt!

Ett passande tåg går klockan 10.43! Därför vaknar jag vid 8-tiden. Får frukost klockan strax före nio. Riktig engelsk frukost, of course! Frun säger :

— You'll need all the grub you can get!

Det var dukat med entrérätt, halv grapefrukt och ett glas apelsinjuice. Hon frågade sedan:

— Would you like tea or coffee?

Och sedan lite mera bestämt:

— And would you have bacon and egg?

Då svarar man givetvis 'yes please' och hugger in på grapefrukten. På bordet står dukat rostade brödskivor såväl som några skivor mörkt och vitt bröd 'au naturel', liksom smör, marmelad, mjölk och socker. Strax kommer Mrs. in med en stor tekanna och en tallrik med bacon, egg och stekt tomat.

— If you would like some corn flakes, och pekar på ett sidobord, där det står skålar, skedar mm.

— Just help yourself.

Vid ett bord bredvid sitter en äldre herre, och medan jag mumsar på bröd och läppjar på det goda teet, så frågar han var jag kommer ifrån och var jag har varit. Vi får pratat lite om både vädret och Skottland. Frukosten blir på detta sätt lite utdragen och jag bestämmer mig för att ta lite flingor också. Mrs. kommer in, har varit ute i trädgården och plockat hallon, pratar lite trädgårdsskötsel med herrn bredvid.

Jag har allt packat och när jag går betalar jag £4 och hon visar mig en gästbok där jag 'skriver in' mig, och hon önskar mig lycka till. Hon ger mig också en kvist vit ljung, som skall betyda tur.

Pendeltåget Inverness – Aberdeen stannar mycket lägligt i en liten stad som heter Huntly. I en speceriaffär bunkrar jag lite bröd och en fruktkaka. Expediten var en äldre herre med glimten i ögat. Han hade sett mig komma på cykeln och frågade var jag kom ifrån, och så det oundvikliga samtalsämnet, vädret. Alla man pratar med, håller med om att Skottland är underbart men när man kommer in på vädret, . . .

Centrum var i stort sett fyra vägar som möttes vid ett torg. Där låg en bank, ett postkontor och ett hotell. Ja hade 30 minuter på mig tills banken öppnade. Vad var då naturligare än att kliva in på puben och ta en öl? Dessutom satt jag en stund på en bänk i solen! Observera solen.

På banken växlade jag lite pengar, för man vet ju aldrig när man får se en öppen bank igen. När man växlar pengar skall man bl.a. uppge "adress i Skottland". När jag då förklarar att jag cyklar mig runt Skottland och har ingen adress att ange, skrattade flickan bakom disken och det gick naturligtvis bra ändå. Vilket det inte alltid gör i Frankrike!

Nu hade jag en hel del mil framför mig, nog för 3 – 4 dagar i riktning sydväst. Jag valde denna väg för att få se ett eller annat berömt slott. Med några tågsträckor skulle jag kunna hinna med färjan till Göteborg på lördagen.

Östra Skottland innehåller många gamla fina slott och på de små turistinformationerna kan man få reda på ännu fler som

152

man kunde ha sett om man hade tagit en annan väg. Det gick uppför ganska kraftigt denna eftermiddag, i alla fall om man räknar i fot, inte lika fullt så mycket om man räknar meter.

Det började skymma och jag var uppe på 1100 fot. Molnen låg tjocka runt omkring mig och det var ett besynnerligt ljus, inte mörkt utan bara osynlig tät dimma. Bra övernattningsställen var det ont om. Jag passerade små byar. Landskapet var grönt, och här och var några högre bergstoppar. Även de var gröna. På Island var alla höjder svarta lavaberg. Här var allt grönt. Hittade till slut en 'Caravan site', och frågade ägaren om jag fick slå upp tältet i ett hörn. Jag reste tältet på grusplanen vid ingången, och fem minuter efter det att jag krupit in, började det regna. Det regnade kraftigt hela natten.

Nästa morgon regnade det! Jag tänkte att det går väl över, det brukar göra det. Men denna gången såg det mörkare ut än vanligt. När jag stack ut huvudet var planen runt omkring helt vattendränkt. Tältet satt ganska löst i vattenpölarna. Regnet lättade något vid halv elvatiden och jag stod utanför tältet, när frun kom ut i regnrock och frågade om jag var helt nerregnad och om jag ville ha lite te. Ägarfamiljen bodde själva i en stor husvagn vid infarten. Jag tackade ja och följde med in. Husvagnen var en stor fin 2-rummare. Hon satte på vatten och jag satte mig i 'salongen'. Hon frågade som alla gör, om det inte är ensamt att cykla som jag gör. Jag svarade som jag brukar att, jovars, ibland kan det vara tråkigt, men för det mesta är det skönt.

Även denna dag slutade det att regna, men inte förrän klockan 12. Jag packade och cyklade iväg. I närheten låg en liten by, Tarland, nästan inte utsatt på kartan. Av damen i gottaffären där jag köpte vykort, fick jag reda på att det mesta av landet runt omkring ägdes av nån stor familj. Det fanns också två stora gods i omgivningarna, varav det ena hade donerats av 'the grand old lady' som nån slags vilohem för soldater, då hennes tre söner omkommit i kriget.

Så småningom kom jag till en större småstad som heter Ballater. Här stannade jag vid ett café, dvs. en tea-shop. Små trevliga bord med pinnstolar. Det var dukat med koppar och fat samt alla tillbehör för avancerat tedrickande, marmelad, smör, mjölk mm. Jag fick två scones och en stor tekanna för 40p och det var inte frågan om nån billig självservering ! Här satt jag nu en bra stund och betraktade de stillsamt tedrickande britterna. Medan jag satt där kom det flera äldre damer, även par och yngre personer, för att inta sitt eftermiddagste. Det som dom kallar 'five o'clock tea'.

*"Jag tittar in till drottning Elizabeths sommarstuga, Balmoral Castle. Det kostar 30p att gå in i parken och titta. Souvenirer av alla slag finns i en liten butik intill. Titten är snart undanstökad".*

Det har varit soligt hela dagen men vid sjutiden börjar det regna. Landskapet är kuperat med korta branta backar. Efter en lång och tröttsam uppförsbacke till fots, 2200 fot, ser jag solen försvinna bakom bergen. Jag möter två cyklister och den ene säger:

— You will be all right now ! Han syftade på nedförsbacken jag nu hade framför mig, som de två just hade kämpat uppför.

Jag tog på mig vantar och rock och satte av utför. Klockan var halv nio. Framför mig utbredde sig en vacker dalgång. Massor av betande får, även mitt på vägen. På vägen betade dom förvisso inte, men gick lojt fram och tillbaka. Till slut hittade jag en liten grästuva intill floden. Det är skönt att sträcka ut sig efter en lång dag och somna till bruset av en flod. När jag vaknade hörde jag någon som jobbade på fältet intill. När jag kom ut, möttes jag av ett:

— Morning! En man som grävde i närheten, hälsade vänligt som om vi känt varandra i åratal. Några dagar tidigare när jag

**154**

och 'fransosen' campade i skogen intill en liten väg, kom en äldre gentleman med en hund och utropade hurtigt:

— Time to get up, boys!

Man möter väldigt många vänliga och hjälpsamma människor. Men naturligtvis finns det en och annan som inte har så mycket till övers för främlingar, men dessa är få. Dagen med de många regnskurarna började klockan 10, och strax efter kom den första. En häftig en, som var över på 10 minuter.

Onsdag, augusti 1: Jag satt och åt lunch när det började regna. Man vänjer sig även vid sånt! Alla ömtåliga saker ligger i plastpåsar, endast det allra nödvändigaste är uppackat. Även om det är otrevligt att vara ute och inte ha något skydd för väder och vind, så känns det skönt att värma lite kaffe och sitta och läppja på detta medan regnet droppar. Jag tänkte att det skulle sätta igång på allvar, men det gjorde det inte.

Efter ett par branta nedförsbackar hamnade jag i en livlig liten stad som heter Pitlochry. Livligheten kan bero på att staden ligger på huvudaxeln nord – syd genom Skottland. Jag blev tvungen att cykla 10 km på denna livliga huvudväg för att komma till nästa avtagsväg västerut. Det var lite otrevligt med alla stora tunga lastbilar och alla semestersabotörer med husvagn.

Jag hittade min lilla väg och kunde åter njuta av den sköna gröna naturen. Det dröjde inte länge förrän nästa kraftiga regnskur kom och jag fick skydd under ett träd. Där satt jag i en dryg halvtimme och filosoferade. Sedan kom jag fram till en liten by vid ändan av en långsmal sjö. Alla sjöar i norra Skottland är långsmala. Det gick en väg på var sida om sjön och jag valde den mindre, dels för trafiken och dels för att jag fick solen på min sida och kunde fotografera tjusiga solnedgångar mellan regnmolnen. Klockan var 18 och det började ösregna igen. Återigen skydd un-

der ett träd. Stora lövträd ger förhållandevis bra skydd mot reg-
net, men när det regnar länge, börjar det till slut regna in! Ut över
sjön kunde man stundtals se fantastiska ljuskombinationer med
tunga svarta regnmoln varvat med solstrålar i sjön.

Det låg en liten by i andra änden av sjön också, men innan jag
hann dit fick jag punktering på bakdäcket. Nu var klockan gans-
ka mycket och det mörknar fort. Jag cyklade lite försiktigt trots
punkteringen. Väl framme hittade jag en camping som dock ba-
ra var en Caravan Site med tydlig skylt: No Tents! Dom ville inte
ha såna som jag där. Man blir lite sur och så hittar man en liten
gräsplätt strax utanför byn istället. Punkteringsarbetet sköts
upp till dagen därpå och jag gick å la mig. Under natten hörde
jag en uggla som hoade uppe i skogen.

Inte nog med att man får punktering. På kvällen rullade jag
över pumpen med bakhjulet och var nära att göra den obrukbar.
Det hade varit en katastrof. När jag nu lätt och ledigt hade lagat
bakdäcket, satt på det och pumpat upp, så åt jag en rejäl frukost.
Det blev sedan dags att packa. Då var luften slut i både fram- och
bakhjulet! Med en stor suck satte jag mig ner och började med
framhjulet. Det lilla vatten jag hade gick nu åt. Jag hittade två små
hål på slangen. Väldigt små hål, som skyndsamt lagades och hju-
let blev påsatt. Med förnyade krafter tog jag av bakhjulet igen och
hittade nu ytterligare 2 små hål. Jag lagade även dessa. Klockan
blev 12 innan jag kom iväg. I byn Killin köpte jag frukt och bröd.
Vägen blev nu större och trafiken livligare. Det gick också ned-
för en hel del under eftermiddagen. Jag lunchade vid en liten sjö
och vid 4-tiden kom jag fram till Loch Lomond. Vägen går utef-
ter den västra sidan av sjön. Östra stranden är vild och kantad av
höga, trädbeklädda berg. Här finns också Rob Roy's grav och
hans grotta. På ett ställe finns en utsiktsplats med parkeringar

och en liten kulle där man hade fri utsikt över sjön. Här stod en ensam skotte i full mundering och blåste säckpipa, eller Dudelsack som dom säger i Tyskland. Han var väl utplacerad där, så att turisterna skulle få lite valuta för pengarna.

Jag satte mig längre bort, där man kunde sitta alldeles vid strandkanten och meditera. Efter ett besök på turistinformationen, som det finns så gott om i Skottland, fick jag tips om en campingplats ett stycke längre bort. Det var en väldig camping i regi av Forestry Commission. Nackdelen med en jättecamping, är att det är för mycket folk och trångt och stojigt. Fördelen är att det är väldigt snyggt och välskött, man har allt. Jag fick tvättat min skjorta igen, i lugn och ro. Det finns rejäla inrättningar för tvätt och toalett, med papper som det står: Government Property på!

*"Detta var också platsen dit alla Skottlands mygg och knott flög på semester! Jag har tidigare inte märkt så mycket av mygg på Island, och har haft god hjälp av myggstift. När man kletat in ansikte, armar, öron, nacke och händer så märker man att en anfallande mygga som går in för landning på pannan, gör en liten extra sväng, ungefär som planet som begär landningstillstånd, och sedan avlägsnar sig. För säkerhets skull kommer myggan tillbaka igen, om-uti-fall-att det var inbillning, gör ett nytt landningsförsök, men samma svåra markförhållande. Bad luck, sa myggan och stack!"*

När jag vaknade stod det helt klart att jag hade missat nåt kvällen innan. Jag hade inte gnidit in benen med myggstiftet! Knotten är ju så otrevligt små, många och tysta, så medan jag åt, måste dom ha gjort det också. Jag åt kokt höns och dom åt levande vilt!

Jag hade tagit reda på att det gick tåg riktning Glasgow – Edinburgh. Klockan 12.08 skulle passa bra att genskjuta tåget en bit ner efter fjorden Loch Long. Det var 15 km men vädret var bra och naturen skön. För en gångs skull var det angenämt att cykla.

Det blev minutpassning, som så många gånger när jag reser, jag köpte biljett till Edinburgh och efter tre minuter kom tåget, in med cykeln på bagagevagnen och jag tog barvagnen och fick en kopp te med sandwich. I Glasgow bytte jag tåg. Snabbpendel mellan Glasgow och Edinburgh, 160 km/tim och 45 minuter. Detta var alltså 1979, drygt 10 år innan SJ började köra X2000! När jag klev av tåget var det soligt och varmt.

Vid informationsdisken får jag reda på förbindelserna till Newcastle, där färjan till Göteborg går klockan 12.30, på lördag. 07.50 går ett tåg som skulle ha passat, men det är ett 125, dvs. ett snabbtåg, 125 miles/timme (sisådär 200 km/tim). Medtager ej cyklar. Klockan 08.50 skulle jag åka, det var enda förbindelsen. Framme 11.45. Att det skulle bli knappt var tydligt. Dessutom blev det bussresa en timme pga. ett tunnelras tidigare på våren.

Sista kvällen syntes mig en campingplats lite påvert så jag sökte upp en trevlig B&B och bad att få frukosten lite tidigare, man började annars inte med frukost förrän 08.30. En promenad i centrum, i en stor bokhandel inköptes några Penguin Books. några verk av P. G. Wodehouse. Jag vandrade huvudgatan Princess Street upp och ner, såg det stora slottet som är väldigt imponerande, dessutom i en fantastisk solnedgång. På en enklare servering (enklare betyder i Storbritannien, halvsjaskig), intog jag middag bestående av Haggis med kål. Det lär ju vara Skottlands national-rätt. Konsistens som köttfärs. Det var inte någon mysig liten skotsk restaurang, som jag förvisso skulle ha kostat på mig sista kvällen. Det var snarast en enkel bar för turister.

Solen gick ner med en vacker skymning. De många fasaderna på slottet lyste svagt i skymningssolen. När solen är så svag att den inte ger några skuggor längre, då är skymningen som vackrast enligt min mening. Det blev lite kyligt och jag vandrade hemåt. Under kvällen slog det mig att det kunde bli knappt om tid när jag kom till Newcastle. Båten skulle gå 12.30, bara 45 minuter att vifta på. Jag kunde sträcka ut mig i en säng, om än något nedgången. Det var andra sängen på 33 dagar.

Jag vaknar i god tid, äter en enkel frukost. Jag cyklar in till stationen och på vägen köper jag också några bullar, eller scones, som dom har en benägenhet att kalla allting i bullväg här. Sedan fick jag vänta på tåget som var 10 minuter försenat. Det börjar bra, tänkte jag! Vi kom till platsen där vi skulle stuvas om i bussar. Här väntade några stora dubbeldäckare samt en liten skåpbil för väskor och cykel. Det var en trevlig omväxling, 5 mil med buss, men hur skulle det gå med min anslutning? Det var inga sköna långfärdsbussar utan vanliga stadsbussar, höggradigt obekväma. Från bussfönstret på andra våningen kunde man se arbetet med den rasade tunneln och nya spår som skulle ersätta de gamla. Dessa bussar gick alltså i skytteltrafik, och det hade dom gjort i flera månader. Bussresan tog en timme av min dyrbara tid. Vi kom till den lilla staden Berwick vid kusten. Det var livligt och trångt, de två stora bussarna fick knappt plats mellan husen.

Vid stationen stod ett tåg och inväntade oss bussresenärer. Jag fick min cykel från skåpbilen och kunde ta plats. Detta tåg skulle gå till London och vidare till sydkusten, första stop, Newcastle. Färden gick utefter kusten och man kunde se Nordsjön i diset i fjärran. Det var lugnt på havet och solen tittade fram då och då.

Klockan var 11.45 när tåget anlände, helt enligt tidtabellen. Nu började mina bekymmer. På 45 minuter skulle jag ta reda på var färjeterminalen var och köpa biljett. Jag bestämde genast att det var för långt att cykla, det får bli taxi. Snabbt ut på gatan, där

159

man möts av en enorm kö till taxibilarna. Till min förskräckelse var alla taxibilar små och kunde förmodligen inte ta med en cykel. I en kiosk satt en telefonist och jag gick dit och frågade om hon kunde hjälpa mig. Hon kallade på en bil.

— Vi har bara en stor taxi! sade hon. Den skulle komma in om 10 minuter. Jag såg min båt segla iväg. Nu gällde: Cool bleiben, som tyskarna säger. Minuterna tickade iväg fortare än sekunder. En jämn ström av taxibilar kom in och hämtade folk. Kön var lång på trottoaren. Efter en stund kom en stor volvotaxi, modell 245. Jag sprang fram för att höra med den kvinnliga föraren. Innan jag hade hunnit berätta mitt ärende, så var folk på väg in i baksätet! Hon förstod mitt dilemma och bad vänligt de som var på väg in där bak, att skyndsamt kliva ur bilen igen. Efter lite mekande med baksätet kom cykeln på plats. Det återstod nu 20 minuter och jag fick veta att det var ca. 15 km ut till terminalen. Lördagsrusning i centrum gör inte saken bättre. Vi kom ut på motorvägen och det blev bättre plats. Jag berättade om min resa. Båda tyckte vi att detta nog skulle kunna gå vägen. Jag hade redan flera alternativplaner i huvudet, vis av tidigare svåra förhållanden.

Båten låg kvar, men man hade redan stängt bildäck och var väl i färd med att hala in landgången. Jag gav föraren en 10 pund sedel och bad henne hjälpa mig med cykeln, medan jag rusade runt för att skaffa fram en biljett. Jag hade ju trots allt någon minut på mig! Inne i avgångshallen såg jag en skylt: Gothenburg. Jag sprang dit, men den unga damen sa kallt:

—Kan inte sälja biljetter här. Gå till kontoret därborta!

Jag sprang dit! Där var det mycket folk, som dock inte skulle med båten. Men det skulle jag! Man var inte ovillig att ge mig en biljett, jag skrev mitt namn och blev införd på datalistan. Nu var jag ju nästan hemma! Måste dock betala först. Biljetten kostade £49. När jag bläddrade upp min sedelbunt hade jag ca £40! Jag sprang ut till taxin och fick mina växelpengar. Hon hade under tiden plockat ut min cykel och packningen. Jag tog henne i hand och uttryckte min stora tacksamhet för hennes hjälp och att hon hade fått mig till båten, fast på engelska! Jag rusade tillbaka och slängde upp ytterligare några pundsedlar. Nu fattades det bara 1 pund. Markpersonalen, en man med walkie-talkie, hade fått syn på mig ute vid taxin och hejdade landgången ute vid kajen. Jag hörde hur han talade med de otåliga gubbarna på kajen, som ville kasta loss:

—He's still in the booking office.

Jag gav killen bakom disken en svensk tia och bad honom ta den, eftersom det var samma värde som ett pund (1979). Han sprang över gatan för att kontrollera, kom tillbaka med tian och gick slutligen med på att ta en av sina egna pundsedlar. Jag fick en biljett, något lättad. Nu kunde jag hämta cykel och mitt pick-å-pack, och så var det bara pass och tull kvar. Jag följde med killen med walkie-talkie. Han höll ständig kontakt med grabbarna på kajen.

—He's on his way now! Så visade han var jag skulle in för att stämpla passet. Jag fick min stämpel och en tullare tittade på min packning, frågade en del frågor. De såg ut att roa sig åt den stressade cyklisten. Klockan gick.

— Okej, sa tullaren. Jag sprang ut mot dörren.

— Ska du inte ha med dig cykeln, ropade han efter mig, med ett leende. Jag höll väl på att krevera vid det här laget, sprang tillbaka och fick med mig cykeln och packningen genom den smala dörren där normalt bara passagerare går ut. Sålunda kunde jag, lite småspringande och påstressad från olika håll komma ut på kajen. Nu möttes jag av hela publiken! Hela långsidan och tre etager på akterdäck var fullsatta av förväntansfulla människor som inte ville gå miste om denna föreställning. Det kändes nästan som om man skulle stanna, buga djupt och ta emot publikens ovationer. Jag gjorde inte detta. En av gubbarna på kajen frågade om han skulle hjälpa mig med cykeln. Han gick före upp och bar cykeln. Jag kom efter med mina väskor. Jag hade inte satt bägge fötterna på däck, förrän landgången var nedtagen och båten sa tuut. Klockan var 12.40!

Det är inte utan att man ger ifrån sig en mindre suck, antingen av lättnad eller av trötthet.

\*

På Nordsjön var sommarkvällen lugn och varm. Med dyningarna från Atlanten satt jag sedan hela natten ute på akterdäck i en solstol. Jag måtte ha slumrat till med tonerna av Gamla Nordsjön med Harry Brandelius i huvudet.

**Gamla Nordsjön som svallar och brusar,
under vindarnas växlande gång....**

## Med cykel i Grekland

eller

## På cykel i Agamemnons fotspår

Från München, där jag bodde på 80–talet, kommer man behändigt till Grekland, antingen med tåg hela vägen genom Balkan, eller man tar tåget till södra Italien och båt över Adriatiska havet, förbi Albanien och Korfu till Patras på Peloponnesos. Det gjorde jag. Den vanliga tågsträckan söderut från München går via Innsbruck, Brennerpasset, Verona, Bologna och sedan utefter kusten ner till Brindisi. Med cykeln polletterad i förväg och en båtbiljett TOR Brindisi — Patras hade jag förutsättningarna för en givande vecka i Grekland.

Men det är inte alltid så lätt. Tågen i Italien är ofta försenade (jag såg t.ex. i norra Italien en gång, lokföraren stod på perrongen och rökte och samtalade med stinsen och några andra, i lugn

163

och ro och tiden gick . . .), naturligtvis hade båten redan gått när jag väl kom fram till Brindisi, men jag fick min cykel. Som väl är går det många båter på den här sträckan och efter en kort palaver vid rederiets kontor nära stationen, fick jag en biljett med ett annat rederi. Jag har för mig att jag fick betala den biljetten, s.a.s. en gång till.

Väl framme i Patras borde jag ha tagit tåget väster ut, och tittat på resterna av Sparta och Olympos. Men av någon outgrundlig anledning tog jag tåget åt öster istället och hamnade i Korinthos där jag övernattade. Korinthkanalen är imponerande, men det kom inga stora kryssningsfartyg när jag stod där. Här började nu cykelturen 1987, söderut efter kusten i den grekiska värmen.

Man kan förmodligen tillbringa en skönare semester i Grekland, ligga på en strand, flanera på små idylliska bygator eller besöka de gamla historiska platserna. Jag hade tänkt mig att se åtminstone några sådana på Peloponnesos, nu när jag ändå var här, må vara några tusen år för sent. Det händer mig om och om igen. Det gamla Korinthos, Mykene och Olympos hade jag satt upp på listan. Därav blev dock inte mycket. En stor del av charmen med det långsamma cyklandet är att man är ute i naturen, utlämnad åt sig själv och 'ute å cyklar' i dubbel bemärkelse. Dessutom träffar man på små charmiga platser som inte ens finns på kartan. Detta berikar cykelresan mycket mer än någon tillrättalagd turistresa någonsin kan erbjuda.

Efter ett antal timmar på en smal och kurvig landsväg i väl tilltagen hetta, kom jag till Epidavros, en liten sömnig hamnstad. Jag hittade ett litet hotell alldeles vid hamnen, restaurangborden var dukade ute på kajkanten. Det såg så inbjudande ut att jag satte mig vid ett litet bord och åt dagens fisk med vitt vin till. Det fanns bara helflaskor, men vad gör det i den ljuva, varma

164

kvällsluften. Vattnet var svart och stilla. Där syntes inga turistbussar, bara lokalbefolkningen, som flanerade runt hamnen eller bara satt på bänkarna och pratade. De glimrande ljusen från alla caféerna runt hamnen kastade ett märkligt skimmer över byn. Hotellägaren, en liten rund mörk man satt själv vid ett av borden på kajen och drack vin med de andra. Han hade en metrev ute i hamnbassängen. Jag frågade honom senare om han fick någon fisk där inne i hamnen. Han menade att det var mest på skoj, men tidigare på dagen hade han fått en fisk. Jag satt länge och njöt av atmosfären.

Så småningom blev det dags att fixa duschen. För att kunna duscha på grekiska hotellrum, måste man först set till att få igång duschmunstycket. Det var samma sak på alla hotellen jag besökte. Den här sprutade åt alla håll utom nedåt! Man är ju ingenjör så efter lite mekande så fungerade det någorlunda, så att man åtminstone blev lite våt. Jag vaknade mitt i natten och gick ut på balkongen. Det var en trolsk stämning, tyst och becksvart ut över hamnen, månen kastade sitt stilla sken över den lilla byn och de små husen i en U-form runt hamnen.

På morgonen fick jag frukosten utanför på gatan tillsammans med den lokala befolkningen som tar sin espresso. Ett stenkast västerut från staden Epidavros, ligger en stor amfiteater med samma namn. Här satt jag på sjuttonde raden vänster, plats 793. Tror jag! Blickade ner mot scenen och började fantisera. När man sitter i Grekland på en amfiteater, så är det inte utan att man känner de där vingslagen, alltså historiens vingslag. För några tusen år sedan var här fullt av folk som satt och roade sig med skådespel. Nu var det bara jag och några turistbussar, och det är ju ett skådespel i sig. Vägen går nu västerut mot Nauplia som ligger vid havet på andra sidan.

Jag vaknade på ett litet smutsigt hotellrum vid torget i Nauplia. Först fick jag göra rent tvättstället efter nattens kräkningar. Moussaka med grekisk sallad kvällen innan, skall man kanske inte äta på en uteservering i 30 graders värme. Några veckor efter mitt besök steg temperaturen till mellan 40 och 50 grader... Vadå klimatförändringar? När jag var där på 80-talet var det ingen som talade om klimatförändringar. Det var varmt ändå! Det är alltid varmt i Grekland! Nauplia är en trevlig liten stad med trånga gator, många affärer och uteserveringar. En underbar solnedgång bortom bergen vid hamnen fick jag helt utan extra kostnad.

När jag hade lagat gårdagens punktering, startade jag vid tiotiden söderut mot havet. Det var för varmt redan på förmiddagen, åtminstone för att cykla. I byn Drepano köpte jag en glass, i kiosken på torget. På caféet lite längre bort, satt den lokala befolkningen. Det var tyst och stilla. Vägen var smal och krokig. Snart kom jag ut till kusten och en sagolik vy utbredde sig framför mig, nästan skönare än på vykorten. Det är underbart att uppleva solljuset, syrsornas entoniga raspande, det azurblåa vattnet kluckande mot stranden, de starka dofterna från alla färgglada blommor och den varma luften som slår mot ansiktet. Små fåglar och mängder av insekter samsas och trivs bland borttappade burkar, engångsförpackningar, cigarettpaket mm, som berikar dikeskanterna. Jag hittade en liten udde nära vägkanten och hoppade i. Vattnet var underbart med en temperatur som man är van vid från badkaret där hemma.

Nu hade jag den heta middagssolen omkring mig. Klockan var över tolv. I den närbelägna byn tänkte jag proviantera dricka och frukt eftersom kartan inte visade några byar framöver, inga avstånd eller berg heller för den delen. Den lilla byn låg där tyst och tom, endast några barn var ute i värmen.

**166**

Min vattentank höll på att sina. Jag fick syn på en bensinstation. Detta kunde vara sista chansen. Jag såg en liten fyllig man resa sig från en säng längre in i butiken. Han kom ut i dörröppningen och log vänligt och sade Kalimera. Han talade inte något främmande språk, så vad hade jag för nytta av all min universitetsutbildning i främmande språk? Det han sade var rena grekiskan för mig.

Det var tydligen teckenspråket som gällde här. Jag tog upp min stora vattenflaska. Han vinkade att jag skulle komma med in på kontoret och plockade fram en kartong med mineralvatten. Jag fick se små backar med sodavatten. Jag pekade att jag ville ha en sån också, bad honom öppna den för att stilla den omedelbara törsten. Då plockade han fram ett dricksglas, sköljde ur det och ställde fram det på ett litet bord. Han pekade att jag skulle sätta mig. Här var jag nu på en liten bensinstation och drack en svalkande soda utan att kunna konversera den hjälpsamme mackföreståndaren medan solen vräkte ner utanför. Han förklarade något, med livliga gester, leenden och mycket grekiska som jag tyvärr bara kunde gissa mig till. Han visade mig elmätaren på väggen och efter en stund förstod jag att han ville förklara att strömmen varborta. Han hade varken belysning eller kylda drycker. Han pekade utåt gårdsplanen, inte ens bensinpumparna fungerade. Jag stuvade ner mina vattenflaskor och tackade för gästvänligheten: Efcharisto! Jag vinkade och cyklade ut i värmen och han gick in i skuggan och lade sig, i väntan på ström eller möjligen någon eventuell kund.

Jag var ensam på landsvägen i eftermiddagssolen. Syrsorna gnisslade, vegetationen var sparsam och skugga fick man leta efter. Vägen var klibbig. Det var som att cykla i mjuk asfalt, vägen började göra motstånd och det gick uppför så sakta. Plötsligt får

167

jag se en skylt vid vägkanten: Καρνεζατικα (med reservation för stavfel, detta är rena grekiskan för mig). På en mera lättläst karta stod det: Karnezeika, möjligen en liten by. Vid dikeskanten stod en åsna och såg olycklig ut. Längre fram fick jag se en bar och beslutade snabbt att få i mig något drickbart. Vid ett litet träbord med något så när smutsig vaxduk satt jag en stund och sörplade i mig nån sliskig dryck med karaktäristisk kålasmak. Lokalbefolkning fanns här också, samt traktens alla flugor! Detta var den flugrikaste inrättning jag upplevt, sedan den där morgonen för ca 10 år sedan, vid frukostbordet på franska landsbygden. Där hade jag ett tjugotal flugor inom 60 cm omkrets runt kaffet och croissanten! Nu satt jag och studerade kartan och låtsades helt enkelt inte om alla flugorna. Inredningen var minst sagt spartansk (Sparta ligger fö. inte så långt härifrån på Peloponnesos), med små trästolar och små fyrkantiga bord.

Det kom in en ung man. Han hälsade och undrade vart jag var på väg. När jag nämnde Poros med en gest uppåt bergen, gjorde han ett tydligt pustande och lät mig förstå att jag hade minst 12 km uppförsbacke framför mig. För en som har tagit sig över St. Gotthard med cykel, kommer detta inte direkt som en chock, men jag oroade mig en smula för värmen. När jag cyklade iväg, hejade jag uppmuntrande åt åsnan, för jag var på gott humör. Åsnan bara tittade likgiltigt på mig och såg ut som om han tänkte: 'En sån åsna! Ute å cyklar i denna värmen'! Och det kan jag ju så här i efterhand hålla med om. Hur var det han sa:

**...ute å cyklar utav bara h-lv-te!...**

Vägen gick sakta uppför. Vanligt folk tar sin siesta vid den här tiden på dagen. Landskapet var fantastiskt. Strax kom jag till den första 180°-kurvan. En stor tung lastbil kom bakom mig och brummade förbi på lägsta växel. Jag stannade och följde ljudet

**168**

för att få en uppfattning om vart vägen tog vägen uppåt berget. Lastbilen syntes inte för all växtlighet men den hördes desto mer där den kämpade sig uppför, den ena serpentinen efter den andra rakt ovanför mig. Nu förstod jag vad jag hade framför mig. Jag stretade i flera timmar, stannade ofta, drack vatten och åt frukt. Värmen var pressande.

Längre upp stannade jag under ett större olivträd utefter vägkanten och fann en stor gren att klättra upp på. Här låg jag en lång stund, tittade upp i lövverket och njöt. Det blåste svalt och skönt. Jag hade en hänförande utsikt neråt dalen där jag hade kämpat mig upp. I fjärran såg jag också det azurblåa havet där jag badade några timmar tidigare. Solen stod ännu högt på himlen och gassade på för fullt. Uppe i trädet var det enbart svalkande.

Jag slöt ögonen och drömde mig tillbaka, sådär 3400 år och kunde precis se en herde komma knatande på den lilla stigen uppför berget med några getter. I fjärran kunde man liksom ana stridslarmet från härarna vid Sparta. Man glömmer lätt tid och rum när man hör historiens vingslag susa genom luften (eller var det vinden i lövverket på mitt olivträd?). Plötsligt ryckte jag till av en våldsam krasch alldeles intill och höll på att ramla ner från trädet. Första tanken var att nu har spartanerna omringat mig, men när jag såg mig omkring upptäckte jag att cykeln hade vält ute på vägen. Från min viloplats såg jag vägen göra några långa svängar och försvinna bakom ett krön. Det kunde inte vara långt kvar nu.

Klockan var ungefär fyra när jag nådde upp till krönet och däruppe låg en liten bergsby. Människor satt på terrassen framför ett hus och stora skyltar på väggen antydde att det kunde vara en bar. När jag stannade och gick fram för att be om lite vatten, förrådet hade nästan tagit slut, så visade det sig att det var ingen bar utan gårdens fem personer som satt i skuggan under vinrankorna och samtalade. Försiktigtvis sade jag.

— Hello. Och kunde jag få lite vatten? Javisst! En av kvinnorna tog min flaska och gick in i huset, medan en annan hämtade en stor flaska direkt ur kylen samt ett glas. De bad mig sitta ner på träbänken utefter väggen bredvid en svartklädd äldre dam. Vattnet smakade gudomligt, inte minst efter de senaste timmarnas strapatser. Man förklarade att vattnet kom uppifrån bergen.

— Har ni vatten så det räcker till hela byn? frågade jag eftersom jag inte sett några bäckar eller vattendrag någonstans.

— Jodå, vi har så vi klarar oss. Vattnet kommer inifrån berget.

Jag tillade för säkerhets skull att jag ville ju inte sitta här och dricka upp deras vatten om det var ont om vatten.

— Vattnet är till för alla, eller hur, blev svaret.

Så även om det varit deras sista vattenflaska, så hade de bjudit en törstig främling några droppar utan att visa sin egen nöd. Denna gästvänlighet mötte jag på flera ställen under min veckolånga cykeltur i Grekland.

De frågade var jag kom ifrån och vad jag tyckte om Grekland. De fyllde på glaset och ett tredje glas dracks med andakt. Runt om på gården promenerade hönsen omkring och plötsligt kom en höna upp på själva terrassen. Hon passade på att lägga en rejäl hönsskit mitt på golvet. Genast for flera av mina värdar upp och tilltalade den stackars hönan i skarpa ordalag och schasade iväg henne, samtidigt som man sköljde och borstade av golvet.....

Jag plockade fram min karta och frågade om råd hur vägen var framöver. Det uppstod en livlig diskussion och man kom fram till att först gick det nerför en hel del, sedan skulle jag passera en avtagsväg, svänga höger och sedan blev det uppför igen. Ef-

170

ter vattenpåfyllningen och den sköna pausen, sade jag adjö och efcharisto. Detta mycket användbara ord som betyder tack, hade jag lärt mig två dagar tidigare då jag fick min vattenflaska påfylld vid ett litet strandcafé. Jag hade helt enkelt utvidgat mitt grekiska ordförråd från noll till två på några dagar!

En lång härlig utförsbacke med en underbar utsikt, ett rikt kuperat landskap med olivträd utströdda överallt. I den stora dalgången fanns en liten by och jag behövde fylla på förrådet. Klockan var närmare 19. Jag köpte lite bröd och i en annan affär köpte jag juice. När jag stod utanför butiken och packade cykeln, vinkade mannen inne i affären att jag skulle komma in igen. Han tog fram en stor gurka ur sitt kylskåp längst inne i lokalen. Det såg ut som om han bodde därborta i hörnet. Han frågade med gester och leenden om jag ville ha en bit. Jag tackade genast ja och han högg av hälften. Han log och menade att det är friskt och gott i värmen. Av denna plötsliga vänlighet blev jag så överraskad att jag stammade fram: efcharisto!

Sedan blev det en mödosam uppförsbacke igen på andra sidan dalen. Skymningen kommer snabbt här nere. I den stora dal jag befann mig var jorden odlad, och så här på kvällskvisten levde landskapet upp. Jag hörde en skördetröska på avstånd och hela familjer syntes ute på fälten. En åsna trumpetade sorgset ett stycke från vägen. En gammal herde med några får kom vägen fram.

Plötsligt gick solen ner bakom bergen och det blev mörkt och grått, betydligt svalare med en gång. Framför mig låg fortfarande stora berg och ingen tillstymmelse till slut på eländet. En gammal schlagerrefräng slog plötsligt till mig:

**...vandra vidare, på din väg mot okänt mål!...**

En svartklädd kvinna kom gående. Jag sa.

— Hello. Hon bugade, stolt och tyst tillbaka.

Mörkret tätnade. Det blev skumt, och jag gick fortfarande uppför. Klockan var nio. En gammal lastbil svängde upp på vägen, lastad med ett tiotal människor, unga och gamla. De hade väl varit ute och arbetat på fälten nedanför. På kartan hade jag sett en mindre stad nära kusten, längre fram på den väg jag höll på med. Där borde det finnas hotell och restaurang osv.

Jag kom till en liten by uppe på krönet, ingen kust, inget hotell, ingenting. Istället var jag högt uppe i bergen. Nu var det någon som släckte ljuset. Nu blev det helt svart. Jag kunde i alla fall ana att vägen började slutta utför i mörkret. Enligt mina planer tidigare på dagen, skulle jag nu ha suttit på en liten restaurang vid hamnen och äta och njuta och slappna av. Lite senare än planerat skulle jag göra min entré och sydeuropéer är ju kvällsmänniskor, så det skulle väl ordna upp sig! Humöret på topp igen alltså och jag startade min sena kvällstur nerför berget.

Lampan kastade en fladdrande ljuskägla några meter framför cykeln. Vägen sluttade brant utför och var rejält kurvig. Eftersom jag inte såg någonting, beslöt jag mig för att följa det vita strecket i vägens mitt. Jag såg inte ens vägkanten. Ett par hundra meter och de sista ljusen försvann från byn bakom mig. Nu var det bara svart. Man kände att vägen sluttande försvann framför cykeln och det hela var ganska kusligt. Visserligen hade ögonen vant sig vid skymningen tidigare på kvällen, men nu var det helt svart.

Det var stjärnklart och varmt i luften. Jag kom runt en skarp kurva i god fart efter mittlinjen. Plötsligt öppnade sig en fantastisk utsikt framför mig. Åtminstone tyckte jag mig kunna urskilja några nyanser av svart. Hela mörkret var hänförande. Jag måste stanna. Högt uppe på himlen lyste månen och gav ett still-

172

samt lugn åt bilden. Åtskilliga hundra meter nedanför bredde havet ut sig i alla riktningar. Det glittrade i månskenet, nästan spegelblankt. Här och var kunde jag urskilja små öar, som en mörkare nyans av svart mot speglingarna i havet. Österut vid horisonten glimrade tusentals ljus och himlen var guldfärgad. Det var den stora hamnstaden Pireus och där bakom Aten. Jag kunde även urskilja ett intensivt upplyst Akropolis på sin höjd ovanför staden. Jag stod hänförd inför denna majestätiska bild i natten. Tanken svindlar när man funderar, kanske har Agamemnon suttit just här och mediterat och blickat ut över Egeiska havet. Fast det var ju några år sedan. Och Akropolis var nog inte lika vackert upplyst på kvällen då, som nu.

Vägbanan var rätt så bra, det lilla jag kunde se av den. Jag kunde släppa på bromsen en aning och farten ökade snabbt, genom den ena hårnålskurvan efter den andra, rakt ner i det okända. Trots att ögonen vänjer sig vid mörkret, så förblev omgivningen totalt svart. En och annan bil kom puttrande uppför vägen i mörkret och jag försökte då bromsa och styra ut mot vägkanten som jag aldrig såg.

Vägen var nu jämn och utan backar, fortfarande varmt. Jag ökade takten. Här och var kom arga hundar utrusande på vägen och skällde ilsket i natten. Jag såg aldrig några hundar men jag hörde hur de flåsade och när gläfsandet kom för nära var det bara att mana fram de sista krafterna och öka farten. I mörkret uppfattade jag inga vägvisare, ingen bebyggelse, inga tecken på närhet till havet. Bara totalt mörker, stjärnor på himlen och en och annan bil. Plötsligt hör jag en gammal moped komma emot mig på den smala vägen. Jag ser ingen moped, hör bara ljudet. När den kommer i jämnhöjd med mig ropar föraren något på grekiska. Han saktar in och stannar. Jag vänder mig om och stannar också. Han kommer fram och jag upptäcker att det är en ung kille. Eftersom jag inte är den han trodde att jag var, så presenterar han sig. Han bor lite längre upp efter vägen, berättar han, och har varit nere vid blomsterodlingarna. Eftersom lampan på mopeden var sönder fick han köra utan belysning, men det gick ju tydligen lika bra! Jag frågade om det fanns hotell i närheten.

— Jodå, fortsätt ner till Galatas, där finns många hotell.

— Men det är sent och långt dit, försökte jag.

— Ja, 10 – 12 kilometer, men det är inga problem. Du kan ta båten över till Poros, där finns fler hotell. Det går båtar hela natten. No problem! Vi tog farväl och han puttrade iväg i mörkret.

Cykellampan lyser inte upp omgivningen så värst mycket. Det var så mörkt att ljuset tycktes helt absorberas av natten. Men längre fram fick jag se något som liknade en vägskylt. Jag fick ta cykellampan och gå fram och lysa på skylten och mycket riktigt, där stod Poros åt höger. Genom att cykla sakta framåt med alla sinnen på helspänn, kunde jag sedan ana ett vägskäl och fortsatte utefter den högra vägkanten. Klockan var strax efter 23.

Jag gjorde en storslagen entré i Galatas mitt i natten, fullt av folk ute på gatorna, caféer och barer var i full gång. Jag stannade vid hamnesplanaden, rejält uppvärmd. Nu var klockan 23.40. Hotellen låg vägg i vägg utefter esplanaden och jag klev fram till det första jag såg när jag stannat. En äldre dam stod i dörren och när jag frågade efter ett rum, verkade det inte helt omöjligt, men för säkerhets skull gick hon in efter förstärkning. Sonen i huset kom ut efter en stund, och för honom verkade saken mera svårlöst. Om det berodde på att inga lediga rum fanns, eller om han tyckte att hans rum var för fina eller för dyra för mig, var svårt att avgöra. Jag som har klivit in på lyxhotell i Valetta på Malta sent på kvällen med uppkavlade byxor, rufsigt hår och cykelpump i näven! Ingenting skall vara mig främmande!

Inget hotellrum i Grekland kunde vara för dyrt för mig denna natt! Med tvekan hade han ett rum men det skulle vara dyrt, lät han mig förstå, och kosta hela 2500 Drs, eftersom det var ett dubbelrum (då ca 125 skr). Det var som hittat. Efter ett tag kom far i huset och blandade sig i diskussionen. Det uppstod ett något upphettat samtal med gester och ansiktsuttryck som jag tyvärr bara kunde gissa mig till. Värden frågade emellanåt, flera gånger, om det var ett enkelrum för en natt som jag ville ha. Hans åsikt var att det skulle kosta 2000 Drs, vilket möttes av ett tydligt ogillande från sonen, som avlägsnade sig efter en stunds diskuterande. Värden bad att få mitt pass. Jag frågade var jag kunde ställa cykeln.

— Kör in den här, sade han. Den fick plats mellan hissen och dörren till restaurangen, mitt för receptionsdisken. Värden följde med upp med nyckeln, låste upp och fastställde genast att taklampan var trasig, men som han sade.

— Det finns ju sänglampor. Så det var inget problem.

Jag tog först av allt en välbehövlig dusch, efter det att jag lagat duschen. Sedan tillbringade jag det som var kvar av natten tillsammans med ett tiotal myggor. Dessutom fylldes natten utav en olycklig, skällande hund, vars skall ekade mellan husväggarna resten av natten långt fram i gryningen. En händelserik dag gick till ända och innan jag ens hade fått slut på alla myggen, grydde en ny dag på Peloponnesos med mycket sol och många härliga bad.

Jag tog färjan över till Poros och ägnade dagen åt att cykla runt denna lilla ö, givetvis med många sköna bad i det azurblåa Medelhavet. Detta hav som fortfarande är lika azurblått, men kanske inte lika skönt och rent längre. På en av båtresorna över Medelhavet såg jag några matroser måla fördäcket grönt. Stora tioliters färgburkar. När en burk var slut slängde man den lätt och bekvämt över bord. Ska de va nödvändigt?

Övernattning i Poros och därefter färja till ön Hydra, längre söderut. Här kunde man ju ha träffat Leonard Cohen, han lär ha vistats på Hydra. Men jag är aldrig på rätt plats vid rätt tillfälle.

Det sköna klimatet och de vänliga människorna gör ett starkt intryck. Det svåra språket är en utmaning, men de flesta jag mötte talade engelska. Det här 'No problem' var ett genomgående tema i Grekland. Allt tycks ordna sig.

Från alla grekiska öar, kommer man som bekant tillbaka till Pireus, så även jag. Tåg tillbaka till Patras. Aten fick vänta tills nästa gång, och Aten väntar fortfarande. Det är en av de få huvudstäder i Europa som ännu inte besökts av globetrottern från Göteborg. Färja tillbaka till Brindisi. Jag skulle ankomma München måndag morgon och gå direkt till jobbet, men nu strejkade tågpersonal i södra Italien, så jag fick övernatta på stationen i Brindisi och kom således inte till München förrän tisdag morgon, men det gick lika bra. Man tar bara ut en semesterdag till i efterskott!

*(denna berättelse finns delvis med i boken Min Resa)*

176

# Appendix A

## Historien om en termometer

I boken förekommer ett antal hänvisningar till temperaturen, både i luften och i vattnet. Det hör till historien att jag gick en dykarkurs i början av 70-talet, tyckte det verkade spännande. Diverse attiraljer införskaffades, simfenor, cyklop med snorkel, dykarur och en liten termometer som fästes på klockarmbandet. Det där med djupdykning blev mig ganska snart för komplicerat. Däremot snorkling i grunda vatten har jag sedan gjort bl.a. vid Stora Barriärrevet och på flera ställen i Medelhavet, Malta, Jugoslavien (Dubrovnik), Italien, Frankrike och Spanien, samt vattnen utanför Göteborg. På 70-talet hade jag denna fina, inte allt för dyra klocka med termometer, på och med mig under sommarcykelturerna. Jag kunde alltså enkelt slå fast att det var över 30 grader i luften på franska landsbygden och gott och väl 25 grader i vattnet på Korsika.

Ironiskt nog så tog klockan in vatten och stannade (en klocka med 30 meters djupgående!), när jag besökte San Remo vid Liguriska kusten i augusti 1985. Den badupplevelsen med inte allt för angenämt vatten, blev en vändpunkt. Och som om detta inte var nog, så stannade, under mystiska omständigheter, även min fina spegelreflexkamera i november, samma år! Jag vill i detta sammanhang citera Victor Borge, en av mina favoriter när det gäller humor och pianospel.

This watch is waterproof. Never have I seen a drop of water come out of my watch. Once it gets in there, it stays!

# Appendix B

**Enligt**

Nordisk Familjebok, Encyklopedi och Konversationslexikon
Tredje väsentligt omarbetade och koncentrerade upplagan
Aktiebolaget Familjebokens förlag, Stockholm 1923

**Velociped**, C y k e l, B i c y k e l, fortskaffningsmedel, som framdrives genom den åkandes muskelkraft. V. består vanl. av två hjul i samma plan, förenade genom en ställning, r a m, av rör, som framtill ger lagring för styrstången och nedtill för ett drivande kedjehjul. Ramen uppbär även en fjädrande sits, s a d e l, för den åkande. Det drivande kedjehjulet sätts i rörelse genom två vevar, p e d a l e r, och rörelsen överföres av en ändlös kedja till ett på bakhjulsaxeln anbragt andra kedjehjul. Det främre hjulet löper fritt och kan med styrstången vridas i förhållande till cykeln i övrigt. Under åkningen balanserar ryttaren varvid han utnyttjar v:s förmåga att lätt ändra rörelseriktning. 1867 infördes v. i Sverige.

Att cykla är roligt — och ändå inte förbjudet — ännu.
sade Eric Sandström i sin bok
Att cykla är nödvändigt
redan 1974

179

# Appendix C

## Apropå Island

Har man varit på Island, så har man också den poetiska Eddan i bokhyllan. Forum Pocket från 1972, översättning eller svensk tolkning av Björn Collinder.

**"Dikten Havamal, skriven med ordspråksmässig knapphet, ger en realistisk bild av fornnordiskt dagligt liv".**

**"Bättre börda bär man ej på vägen
än mycket mannavett".**

Eller som Alf Henrikson uttrycker det i boken Tittut från 1992

**"Sträva, min kära, och streta
så länge ditt liv består!
Det är människovärdigt att veta
mera idag än igår".**

# Appendix D

## *Tre cyklar som präglat min tillvaro*

En trehjuling blev början på en rad trevliga cykeläventyr. Jag tyckte det var enklare att springa med fötterna på marken, än att hålla på med de där löjliga pedalerna!

Med vidpass 10 år fick jag så en "riktig" cykel. Jag vill vara tydlig med att jag kämpade inte med trehjulingen ända tills jag var 10! Det var flera år helt utan cykel.

I början av 70-talet investerade jag i en 10-växlad sportcykel. Den tog mig över stora delar av Europa under 70-talet, Avenue Foch i Paris, en regnig dag vid Moseldalen samt det sista stora äventyret Island, via Norge, Färöarna och Skottland.